Grupos Pequenos
Edição revisada e atualizada

David Merkh

© 2003 por David J. Merkh

Revisão
Priscila Porcher

Capa
Maquinaria Studio

Diagramação
Sônia Peticov

1ª edição - novembro de 2003
10ª Reimpressão - Outubro de 2020

Editora
Marilene Terrengui

Coordenador de produção
Mauro W. Terrengui

Impressão e acabamento
Imprensa da Fé

Todos os direitos reservados para:
Editora Hagnos
Av. Jacinto Júlio, 27
04815-160 - São Paulo - SP - Tel (11)5668-5668
hagnos@hagnos.com.br - www.hagnos.com.br

Dados Internacionais de Catalogação na Publicação (CIP)
(Câmara Brasileira do Livro, SP, Brasil)

Merkh, David J.
101 Idéias criativas para grupos pequenos / David J. Merkh.
-- 4ª ed. -- São Paulo, SP: Hagnos 2014. -- (série 101 idéias criativas).

ISBN 85-89320-31-6

1. Criatividade (educação) 2. Pequenos grupos I. Título. II. Série.
II. Série

03-5972   CDD-261.1

Índices para catálogo sistemático:
1. Grupos pequenos: Ministério: Cristianismo 261.1
2. Pequenos grupos: Ministério: Cristianismo 261.1

Dedicado a minha esposa Carol Sue,
companheira fiel, idônea e criativa.

Apresentação

É com "orgulho santo" que o Seminário Bíblico Palavra da Vida oferece à igreja brasileira *101 ideias criativas para grupos pequenos*. Temos certeza de que ele será muito útil para o fortalecimento e dinamização do ministério de muitas pessoas ativas no serviço de suas igrejas locais.

Entre aqueles que estão hoje envolvidos no ministério cristão, há mais de três mil ex-alunos desta casa. Agradecemos àqueles que aqui estiveram no Curso de Liderança e Discipulado (CLD), Licenciatura, Bacharelado, Mestrado ou Curso de Treinamento de Líderes e que, no decorrer dos últimos cinquenta anos, contribuíram para o desenvolvimento de muitas destas 101 ideias criativas.

Que todos possam aproveitar as sugestões aqui apresentadas e que este livro seja uma ferramenta prática para a igreja brasileira.

Na graça e nas garras do leão,

CARLOS OSVALDO PINTO (*IN MEMORIAM*)

Sumário

Prefácio   13

Introdução   15

Dez mandamentos para dirigir uma atividade criativa   19

Parte 1: Quebra-gelo

1 Nome e sobrenome   26

2 Raízes   26

3 Falso ou verdadeiro   27

4 Metade certa   28

5 Figuras reveladoras   28

6 Identidade secreta   29

7 Rede   29

8 Recordações da infância   30

9 Teste de conhecimentos pessoais   31

10 Se...   32

11 Palavras proibidas   33

12 Jardim zoológico   33

13 Bingo	34
14 Nó humano	35
15 Correio criativo	35
16 Quem falou de mim?	36
17 Uma joia nas costas	37
18 Caça aos autógrafos	37
19 Soletrando	38
20 Obra de arte	39

Parte 2: Programas sociais

21 Noite da verdade	44
22 Missão impossível	46
23 Hóspedes famosos	47
24 Noite da nostalgia	48
25 Noite do jornal	48
26 Investimentos	50
27 *Rally*	50
28 Maratona	52
29 Torneio de jogos	52
30 Noite de brincadeiras	53
31 Caça aos sons	53
32 Dia dos recordes	55
33 Caça ao tesouro	56
34 Olimpíadas	58
35 Alta rotação	59
36 Jantar progressivo	60
37 Jantar misterioso	61
38 Noite da pizza	63
39 Noite dos sanduíches	63
40 Rodízio de sorvete	64
41 Noite de mistério	65
42 Noite da batata	67

43 Noite do avesso	68
44 Raízes	69
45 Celebração da amizade	70
46 Esta é a sua vida!	71
47 Aniversário uma vez ao ano	71
48 Festa da piscina	72
49 Festa tropical	73
50 Coroação	74
51 É bom ser criança	74
52 Noite dos namorados	75
53 Banquete romântico para os pais	77
54 Vamos ao teatro	78
55 Venha como está	78
56 Destino desconhecido	79
57 Encontro secreto	80
58 Vigília de oração	80
59 As festas de Israel	82
60 Noite das recordações	83

Parte 3: Brincadeiras

Brincadeiras para grupos pequenos	89
61 Desenho de ouvido	89
62 Vaso de algodão	90
63 Coitado!	90
64 Futebol de pingue-pongue	91
65 O último riso	91
66 Corrente elétrica	91
67 Datas marcadas	92
68 Bolo de azar	93
69 Coitadinho do gatinho	93
70 Caça aos versículos	94

Brincadeiras para grupos maiores   94

71 Estoura balão   94
72 Pisca-pisca   94
73 Guerrilha   95
74 Fogo na montanha   95
75 Cobra venenosa   96
76 Gato mia   96
77 Esquilos nas árvores   97
78 Coral afinado   97
79 Gato e rato   97
80 Palavras cruzadas   98

Revezamentos   99

81 Corrida de feijão   99
82 Corrida do leque   99
83 Busca e leva   100
84 Passeio de vassoura   100
85 Corrente humana   100
86 Corrida de bombeiro   101
87 Feijão na mão   101
88 Carrinho de mão   102
89 Por cima e por baixo   102
90 Assobio   103

Brincadeiras de atenção   103

91 Dicionário   103
92 Memória   104
93 Uma questão de polegar   104
94 Roubo de palavras   105
95 O que está diferente?   106
96 Nove livros   106
97 Meu pai é um comerciante   107

98 Guerra dos sexos	107
99 Este é o meu nariz	108
100 Destino desconhecido	108
101 Celebridades	109

Apêndices

Apêndice 1: Perfil — 113

Apêndice 2: Mutualidade — 117

Apêndice 3: Perguntas e respostas sobre a vida eterna — 121

Prefácio

101 ideias criativas **nasceu** em meio ao corre-corre que muitas vezes caracteriza o ministério cristão. Deus nos deu o privilégio de trabalhar ao longo dos anos com muitos grupos pequenos: adolescentes, jovens, grupos pequenos da igreja local, seminaristas e jovens casais. E, às vezes, estivemos envolvidos com três ou mais desses grupos ao mesmo tempo. Não faltaram ocasiões em que ficamos pressionados pelo tempo, desesperados em busca de ideias para planejarmos mais uma atividade ou mais uma reunião. Mas, em lugar de ideias, surgia o pânico. Quanto mais atividades realizávamos, mais precisávamos de algo diferente para motivar os grupos e sentíamos a necessidade de uma fonte de ideias.

Chegou o dia em que não vimos mais saída. Estávamos numa daquelas "filas intermináveis" e, para aproveitar o tempo, começamos a anotar todas as ideias que nos vinham à mente — atividades que conhecíamos ou que havíamos praticado com algum grupo. Como fruto daquela "tempestade cerebral", conseguimos alistar cerca de quarenta ideias.

A princípio, nossa motivação era essencialmente egoísta: sobrevivência ministerial! Mais tarde, descobrimos que muitos dos nossos colegas e amigos envolvidos na liderança de pequenos grupos também precisavam de um arquivo de ideias. Neste ínterim, nosso arquivo já havia crescido — incluía mais de quinhentas ideias criativas — e sentimos o desejo de divulgá-lo em benefício de outros líderes.

Queremos agradecer a todos aqueles que de alguma forma contribuíram para este livro, embora seja impossível alistar aqui cada pessoa que nos trouxe uma nova ideia criativa. Agradecemos em especial aos nossos pais, Davi e Mary-Ann Cox, cujas vidas são fontes vivas de criatividade e que nos ensinaram a ser mais criativos. Somos gratos também aos colegas do Seminário Bíblico Palavra da Vida, cujo trabalho criativo e dedicado inspira criatividade em outros, e às equipes da Editora Hagnos e da Atis Design, que se dedicaram à editoração e ilustração do livro.

Nossa oração é que este livro estimule criatividade e comunhão no corpo de Cristo. Que Deus possa usá-lo para o fortalecimento da sua igreja e para a expansão do seu reino.

DAVID e CAROL SUE MERKH

Introdução

"**Já esgotei** toda a minha criatividade! E agora?"

"Como posso criar um ambiente propício para o estudo bíblico?"

"Como posso atrair descrentes para a nossa reunião?"

Estas e outras questões semelhantes perturbam o líder da mocidade, o facilitador de um grupo pequeno, o coordenador do departamento de juniores.

Todos nós temos potencial para ser criativos, até mesmo aquela pessoa que jura não ter sequer uma gota de criatividade. Como seres humanos, criados à imagem do Deus CRIADOR do universo, temos capacidade de criar. O que nos falta, muitas vezes, são ideias para estimular a criatividade.

Nem sempre temos um conceito correto de "criatividade". Contrariamente à opinião popular, criatividade não significa dar à luz algo inédito. Como o sábio autor de Eclesiastes já nos alertou, *não há nada novo debaixo do sol* (Ec 1.9). Certa vez, um de meus professores afirmou que "criatividade é a arte de esconder suas fontes". Num certo sentido, ele tinha razão, pois muito do que se passa por "criativo" em nossos dias nada mais é do que uma combinação nova de fatos velhos.

Escolhemos definir "criatividade" como "a arte de gerar ideias novas a partir de conhecimento e experiência prévios". Este livro tenciona ser uma fonte de conhecimento e experiência prévios, na esperança de que o leitor-usuário possa desenvolver as suas próprias ideias, adequando-as ao contexto do seu grupo.

Neste primeiro volume de *101 ideias criativas*, decidimos incluir três categorias principais de ideias: "quebra-gelos", programas sociais e brincadeiras. Através dos "quebra-gelos", pessoas podem se conhecer melhor, visitantes podem se sentir à vontade e velhos amigos podem encorajar uns aos outros. Nos programas sociais, membros do corpo de Cristo podem gastar tempo qualitativo e quantitativo em atividades sadias e edificantes. E através das brincadeiras todos podem se divertir bastante. Jesus veio nos dar *vida em abundância* (Jo 10.10b).

O crente não deve viver como se fosse batizado em suco de limão!

Não pretendemos oferecer uma lista exaustiva de ideias para "quebra-gelos", programas sociais e brincadeiras. Seria impossível fazê-lo. Fornecemos, porém, algumas ideias já testadas que podem estimular a criatividade daqueles que tiverem a coragem necessária para programar algo um tanto diferente para a próxima reunião do seu grupo.

Há lugar para a criatividade nos grupos pequenos?

Algumas razões nos levam a crer que o crente em Cristo Jesus, e especialmente aquele que está envolvido na liderança de grupos pequenos dentro da igreja, deve ser criativo.

Em primeiro lugar, precisamos de criatividade para combater a mediocridade e o tradicionalismo que podem facilmente tomar conta do ministério cristão. Não podemos (e nem devemos)

Introdução | 17

competir com o mundo. Mas também não devemos levantar a bandeira branca da rendição, facilitando a Satanás e ao mundo sua tarefa de desviar a nossa juventude da luz verdadeira.

Não deve ser motivo de admiração que tantos jovens estejam fugindo da igreja quando nos esquecemos de oferecer algo atraente para a nossa mocidade.

Em segundo lugar, ideias criativas podem gerar um ambiente adequado para o evangelismo, para uma comunhão mais profunda e para um estudo bíblico mais relevante. Com esse propósito, incluímos em várias ideias a seção Compartilhar — talvez a contribuição singular deste livro, oferecendo sugestões para devocionais e estudos bíblicos que podem fazer parte da programação. É importante ressaltar que não incluímos essa seção para tentar "espiritualizar" as ideias. Não se sinta obrigado a usá-la caso não queira: Deus não vai ficar bravo se o seu grupo decidir ter uma noite de brincadeiras só para aumentar a comunhão.

Porém, cremos que é possível tirar proveito do ambiente criado pelas atividades aqui sugeridas para gravar verdades bíblicas preciosas no coração dos participantes.

Dez mandamentos para dirigir uma atividade criativa

As ideias criativas que oferecemos não são uma fórmula mágica para ressuscitar um grupo morto. Não há poder algum nas ideias em si. Mas, em geral, elas funcionam muito bem quando algumas diretrizes são seguidas.

1. **PREPARE-SE BEM.** Verifique que o local seja adequado e que o material necessário esteja disponível, conforme especificado para cada atividade. Leia com atenção o procedimento e estude com antecedência as regras e/ou princípios das ideias que pretende usar.
2. **ORE** para que Deus use a atividade para a glória dele.
3. **DIVULGUE** as atividades do seu grupo com antecedência e promova as ideias criativas. A sua empolgação será contagiante!
4. **ADAPTE** as ideias à sua realidade. Na nossa experiência, a maioria das ideias aqui reunidas tem sido muito bem aproveitada com grupos pequenos (10 a 20 pessoas), desde

juniores até adultos. Algumas se aplicam a grupos maiores; outras devem ser usadas somente com adultos ou casais. O que importa, contudo, é que você as adapte à sua realidade e necessidade. Não há nada de sagrado nestas ideias! Mude-as conforme a idade, o tamanho e as características do seu grupo.

5. **SEJA UM LÍDER ENTUSIASMADO** ao conduzir a atividade. Sem dúvida alguma, o líder é a chave de toda ideia bem-sucedida. Às vezes, o programa mais "absurdo" alcança bom êxito simplesmente porque o líder contagiou os demais com o seu ânimo.

6. **TENHA CORAGEM** de experimentar ideias novas e "vender seu peixe". Todas as ideias que reunimos aqui foram testadas e produziram o efeito desejado. Porém, não fique desanimado se alguém do seu grupo não se interessar pelo programa ou não participar de uma brincadeira. E não esqueça: você nunca vai agradar a todos.

7. **SEJA SENSÍVEL** às reações do grupo. Não quebre as tradições com muita rapidez! Uma coisa é ter "casca dura" diante das críticas injustas de uma ou outra pessoa; outra é não prestar atenção ao retorno que a maioria do grupo está lhe dando. Faça uma avaliação após cada atividade e verifique o que funcionou bem, o que poderia ter sido melhor e o que não funcionou.

8. **SEJA JUSTO** nas regras e na premiação.

9. **SEJA FLEXÍVEL.** Não deixe que o programa se torne cansativo. É melhor encerrar uma atividade quando todos ainda estão pedindo mais, do que prolongá-la até que todos estejam reclamando que foi demais!

10. **NÃO FAÇA DO PROGRAMA ALGO MAIS IMPORTANTE DO QUE AS PESSOAS.** O programa existe em função das pessoas, e não vice-versa. Se uma atividade despertar uma

nova necessidade no grupo ou criar um ambiente propício para o ensino imediato de uma verdade cristã, não hesite em interrompê-la — você acaba de alcançar o seu propósito maior!

E finalmente...

Ideias criativas não são o "feijão com arroz" de um ministério com grupos pequenos. Se você tentar construir o seu ministério com base em programas sociais, cada um melhor e maior que o anterior, no final ficará exausto e ainda não terá conseguido manter o grupo intacto. Se o seu alvo é competir com o mundo, você já sai perdendo de dez a zero.

Porém, se você alimentar o seu ministério com o "feijão com arroz" de estudos bíblicos, evangelismo, louvor e comunhão cristã, e se usar ideias criativas para temperar o programa de vez em quando, não haverá limites para o que Deus poderá fazer em seu grupo.

Parte 1

Quebra-gelo

Não há nada pior do que entrar num lugar desconhecido, sentar-se ao lado de pessoas estranhas e de repente ser forçado a compartilhar seus pensamentos mais profundos e íntimos. Mas é justamente isso que acontece semanalmente em muitas classes de escola dominical, nos encontros de grupos pequenos ou nas reuniões da mocidade. O que muitas vezes falta é uma maneira suave de "quebrar o gelo" que quase sempre existe quando um novo grupo começa suas atividades ou quando novos participantes se unem a um grupo já existente.

No ciclo de vida normal de um grupo pequeno, o "quebra-gelo" pode ser usado nos primeiros quatro ou cinco encontros e, mais tarde, esporadicamente. Seu propósito é simples: através do conhecimento mútuo, criar um ambiente "seguro" para todos e propício ao desenvolvimento de comunhão cristã. Em outras palavras, "conhecer e ser conhecido".

Alguns quebra-gelos não exigem muita profundidade no compartilhar e podem ser usados desde o primeiro encontro do grupo. Outros necessitam de um ambiente mais familiar e são praticados com maior êxito quando os participantes já se conhecem melhor. Porém, todas estas ideias têm algo em comum: podem ser usadas para "descongelar" o grupo, promovendo uma fraternidade calorosa e um ambiente no qual o líder pode facilmente ministrar às necessidades dos participantes.

Conforme já observamos, algumas das ideias trazem uma sugestão específica para um momento de compartilhar. Este pode ser incluído ou não na reunião, a critério do líder.

1 Nome e sobrenome

- *Procedimento:* A atividade é própria para o primeiro encontro do grupo. Reúna os participantes em círculo e inicie dando o seu nome, seguido de um adjetivo que comece com a primeira letra do nome e de alguma forma descreva a sua pessoa (p. ex.: Fernando feliz, Cristina criativa, Bernardo bonito etc.). A pessoa ao lado repete o seu "nome e sobrenome" e acrescenta o dela. A atividade prossegue ao redor do círculo com cada pessoa tentando lembrar o "nome e sobrenome" daquelas que a antecederam, para depois acrescentar o seu próprio.

2 Raízes

- *Material necessário:* Canetas, cópia do material elaborado.
- *Procedimento:* Aliste itens que descrevam as "raízes" dos componentes do grupo, preparando uma relação semelhante ao exemplo:

Tem um escritor na genealogia	
A família chegou ao Brasil antes de 1820	
O avô participou da 2ª Guerra Mundial	
Tem parentes na Espanha	
O bisavô era pastor	

Ao elaborar o material para o seu grupo, procure descobrir dados interessantes sobre as "raízes" de cada pessoa. Selecione, se possível, dados que sejam desconhecidos dos demais participantes. Distribua as folhas e peça que colham o maior número possível de assinaturas, identificando as pessoas a quem se referem as características alistadas. Dê um prazo e então confira as respostas em grupo. Entregue um prêmio a quem colher o maior número de assinaturas corretas.

- *Compartilhar:* Apesar de termos "raízes" as mais diversas, somos parte de uma só família, como irmãos em Cristo — Gálatas 3.26-29.

3 Falso ou verdadeiro

- *Material necessário:* Folhas de papel em branco, canetas.
- *Procedimento:* Entregue a cada pessoa uma folha de papel e uma caneta. Faça algumas perguntas de caráter pessoal que devem ser respondidas corretamente pelos integrantes do grupo. Cada participante deve escolher uma das questões e dar resposta falsa, porém de maneira convincente para que os demais não desconfiem. Quando todos tiverem terminado, cada pessoa deve ler suas respostas em voz alta e o grupo deve apontar quais são verdadeiras e qual é a falsa. Peça que expliquem o porquê de sua opinião, para verificar o quanto a pessoa é de fato conhecida pelas demais.

Possíveis perguntas:
- Pessoa famosa com quem gostaria de conversar
- Maior susto que já levou na vida
- Esporte a que mais gosta de assistir
- Livro que mais apreciou nos últimos seis meses

- Uma "aprontação" da infância
- País ou cidade que mais deseja conhecer
- Tipo de música que prefere ouvir quando está sozinho

■ *Compartilhar:* Na vida cristã é necessário discernimento para poder diferenciar entre o falso e o verdadeiro — Mateus 7.15,16.

4 Metade certa

■ *Material necessário:* Figuras cortadas ao meio (podem ser páginas de revista).

■ *Procedimento:* Distribua entre os participantes as figuras partidas ao meio e peça-lhes para encontrarem a pessoa que está com a outra metade. Procure selecionar figuras cuja identificação não seja fácil demais, de modo que o grupo deva fazer algum esforço para cumprir a atividade. Identificadas as duplas, reúna os participantes em círculo.

■ *Compartilhar:* Conversem sobre o valor da mutualidade, destacando versículos bíblicos que mostrem como completamos uns aos outros (ver "Mutualidade" nos apêndices deste livro). Orem em duplas.

5 Figuras reveladoras

■ *Material necessário:* Revistas que possam ser recortadas.

■ *Procedimento:* Verifique que haja número par de participantes e divida o grupo em duplas. Peça a cada participante para selecionar uma ou mais figuras que representem algum aspecto de sua vida e compartilhar a respeito com o seu parceiro, entregando-lhe as ilustrações.

Quando todos estiverem prontos, reúna o grupo em círculo e dê oportunidade a cada um para apresentar o seu parceiro, utilizando-se das figuras.

6 Identidade secreta

- *Material necessário:* Folhas de papel em branco, canetas.
- *Procedimento:* Um dos participantes deve sair da sala. Tendo em mente aquela pessoa, os demais devem escolher uma flor e um animal que expressem qualidades pessoais e um instrumento musical que represente sua participação no grupo. Por exemplo:

Gazela	é ágil e graciosa
Orquídea	é delicada e sensível
Violino	pode fazer tão bem um "solo" quanto participar em perfeita harmonia com o grupo

Convide a pessoa para voltar à sala e leia as três palavras escolhidas — a flor, o animal e o instrumento. Permita que ela tente adivinhar quem sugeriu cada uma delas e então peça ao(s) autor(es) da descrição para explicar.

- *Compartilhar:* Unidade e diversidade são aspectos que andam de mãos dadas no pequeno grupo — 1Coríntios 12.12 ss.; Romanos 12.4-8.

7 Rede

- *Material necessário:* Um rolo de barbante.
- *Procedimento:* Reúna o grupo em círculo e tenha em mãos um rolo de barbante. Dirija-se a um dos participantes, ofereça-lhe

30 | 101 ideias criativas para grupos pequenos

uma palavra de encorajamento e passe o rolo a ele, seguran-do a ponta do barbante. A pessoa que recebeu o rolo deve repetir a operação, passando-o adiante acompanhado de uma palavra de encorajamento. Verifique que o barbante esteja sempre bem esticado entre uma pessoa e outra.

Quando todos tiverem participado, estará formada uma rede de encorajamento.

- *Variação:* Em vez de palavras de encorajamento, o grupo pode compartilhar pedidos de oração e motivos de louvor.
- *Compartilhar:*
  1. O encorajamento mútuo faz parte da vida cristã.

     Em Hebreus 10.24, destaque:
     - As duas ações sugeridas — considerar e estimular
     - Os dois objetivos — estimularmo-nos ao amor e às boas obras
  2. No corpo de Cristo a "rede" de relacionamento é preciosa para a prática da mutualidade e da oração uns pelos outros (ver textos em "Mutualidade" nos apêndices).

8 Recordações da infância

- *Material necessário:* Canetas, folhas de papel em branco, pequenos prêmios.
- *Procedimento:* Distribua entre os participantes folhas de papel e canetas. Cada um deve entrevistar alguém à sua escolha e colher dados sobre a infância:
  - A brincadeira preferida
  - Um aniversário inesquecível
  - Uma "aprontação"
  - O maior susto
  - O primeiro dia na escola
  - Uma boa ação

Oriente os participantes a entrevistarem alguém que não lhes seja familiar e a não escreverem nome algum na folha. Terminado o tempo de entrevistas, reúna as folhas e leia uma por vez.

O grupo deve adivinhar de quem se está falando. O primeiro a acertar (excluídos o entrevistado e o entrevistador) ganha um prêmio.

- *Compartilhar:* A infância é um período de grande importância na formação do caráter — Provérbios 22.6.

9 Teste de conhecimentos pessoais

- *Material necessário:* Canetas, cópias do quadro elaborado.
- *Procedimento:* O teste não deve ser aplicado na primeira reunião do grupo. Dê aos participantes a oportunidade de conviver durante algum tempo, para então testar o quanto estão conhecendo uns aos outros. Elabore um quadro para ser preenchido com "conhecimentos pessoais" relativos aos integrantes do grupo. Distribua entre os participantes. Cada pessoa deve tentar completar corretamente os dados a respeito das demais. Quanto mais itens incluir, abrangendo aspectos diferentes, mais "reveladora" será a atividade.

Nome	Cor dos olhos	Profissão	"Sonho" para o futuro	Local de nascimento
1				
2				
3				
4				

Não é permitido conversar durante o teste. Dê tempo suficiente para que todos completem o quadro e então reúna o grupo em círculo. Cada pessoa deve fornecer os dados a seu respeito para que os demais possam conferir suas respostas. Vence quem tiver o menor número de erros.

- *Compartilhar:* Conhecendo uns aos outros podemos participar da vida em comum com maior sabedoria: servir (Gl 5.13), suportar (Ef 4.2), aconselhar (Cl 3.16), amar (1Ts 3.12), acolher (Rm 15.7), edificar (1Ts 5.11), estimular (Hb 10.24).

10 Se...

- *Material necessário:* Canetas e cópias do material elaborado.
- *Procedimento:* Prepare um questionário contendo perguntas cujas respostas podem colocar em evidência as diferenças de opinião entre os integrantes do grupo.

Se...

Se... pudesse entrar num túnel do tempo, em que época escolheria viver?

Se... pudesse ir morar em outra parte do mundo, para onde iria?

Se... ganhasse um milhão de dólares, como gastaria?

Se... pudesse mudar algo em sua pessoa, o que escolheria?

Se... pudesse mudar algo em sua igreja (ou escola, curso etc.), o que mudaria?

Se... pudesse ser outra pessoa, quem escolheria ser?

Se... pudesse ter resposta para uma questão difícil, qual escolheria?

Distribua as folhas e dê tempo suficiente para que todos elaborem suas respostas. Reúna o grupo, apresente as questões uma a uma e dê oportunidade a todos para expressarem a sua opinião e justificarem suas escolhas.

Quebra-gelo | 33

- *Compartilhar:* Aproveite a ocasião para alertar o grupo quanto aos valores nos quais estão baseando as suas escolhas. São valores condizentes com os de Deus? Meditem sobre o significado de buscar o reino de Deus em primeiro lugar — Mateus 6.33.

11 Palavras proibidas

- *Material necessário:* Uma caixa de clipes de papel.
- *Procedimento:* Entregue seis ou mais clipes a cada pessoa. Todos os participantes têm como objetivo aumentar o número de clipes que possuem. Durante determinado tempo, devem conversar entre si, procurando conhecer uns aos outros (atividades, família, preferências pessoais, estudos etc.). Cada vez que alguém mencionar as palavras "eu", "meu", "minha", deve entregar um clipes ao seu entrevistador. Quem perder todos os clipes será eliminado. Vence quem estiver com o maior número de clipes quando o prazo se esgotar.
- *Compartilhar:* A natureza humana possui uma tendência egocêntrica que se evidencia nos mais diversos aspectos. Em contraste, a Palavra de Deus nos exorta a pensar primeiramente nos outros – Filipenses 2.1-4.

12 Jardim zoológico

- *Material necessário:* Cartões com nomes de animais. Use o nome de um mesmo animal para cada seis ou mais participantes, conforme o tamanho do grupo.
- *Procedimento:* Distribua os cartões e informe aos participantes quantos bichos há de cada espécie. Dado um sinal, cada pessoa deve começar a produzir o som do seu animal e sair em busca dos seus "parentes". Não é permitido falar: os animais

devem se identificar apenas através de sons e gestos. Atribua prêmios aos grupos mais rápidos ou estabeleça uma prenda para o último a se formar. Pode-se avaliar também a criatividade dos grupos em representarem os diversos animais através de mímica e sons. Esta atividade pode ser utilizada para formar times para brincadeiras e competições ou simplesmente para "misturar" as pessoas várias vezes durante o programa e permitir que estabeleçam um primeiro contato.

13 Bingo

- *Material necessário:* Nomes dos participantes preparados em bilhetes para sorteio, canetas, cópias do quadro elaborado.
- *Procedimento:* Prepare um quadro conforme o modelo. Entregue a cada participante uma cópia do quadro onde ele deve coletar 24 assinaturas, uma em cada quadrado. Dê um sinal e instrua os participantes no sentido de que devem conversar com a pessoa cuja assinatura estão colhendo até que um novo sinal seja dado.

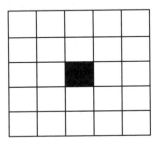

Entre os sinais, dê intervalos de 30 ou mais segundos, conforme o tempo disponível para a atividade. O objetivo é promover um primeiro contato entre os integrantes do grupo. Após o último sinal, completadas as 24 assinaturas, todos devem se assentar. Dê início ao sorteio dos nomes dos participantes. A pessoa chamada deve ficar em pé para ser identificada pelas outras

Quebra-gelo | 35

e dar alguns dados pessoais, como procedência, profissão etc. Todos os que colheram a assinatura daquela pessoa devem marcar um "X" no respectivo quadrado. Quem primeiro conseguir preencher cinco quadrados alinhados na horizontal, vertical ou diagonal recebe um prêmio.

14 Nó humano

- *Procedimento:* Reúna o grupo em círculo, de pé. Todos devem cruzar os braços e dar as mãos. Sem largar as mãos uns dos outros, os participantes devem tentar desfazer o "nó", dentro de um tempo estipulado (10 a 15 minutos). É necessário que todos trabalhem juntos, em cooperação.
- *Compartilhar:* Avalie com o grupo a prática da mutualidade e da liderança cristã.

15 Correio criativo

- *Material necessário:* Nomes dos integrantes do grupo preparados para sorteio, cartões em branco, material de desenho, revistas velhas para recortar, tesoura e cola.
- *Procedimento:* Cada participante sorteia um nome, verifica que não seja o seu e o mantém em segredo. Usando de criatividade, prepara um cartão que expresse algo sobre aquela pessoa: uma qualidade, uma habilidade etc. Instrua o grupo para que se mantenha bem espalhado pela sala enquanto prepara os cartões. Terminado o trabalho, o cartão deve ser enviado pelo "correio" — uma pessoa que fará as entregas. No final, o grupo se reúne em círculo. Cada um tenta adivinhar quem é o seu correspondente secreto, que, quando identificado, deve explicar a mensagem do cartão.
- *Compartilhar:* As boas palavras edificam – 1Pedro 4.10,11; Efésios 4.29,30; Provérbios 12.15.

16 Quem falou de mim?

- *Material necessário:* Canetas, cópias do questionário elaborado, nomes dos componentes em bilhetes para sorteio.
- *Procedimento:* Elabore um questionário semelhante ao modelo abaixo. Cada participante deve sortear um bilhete e verificar que não contenha o seu próprio nome. Distribua os questionários e peça que respondam tendo em mente a outra pessoa, porém sem se identificar. Somente o nome da pessoa sorteada deve aparecer na folha.

Você vai responder algumas perguntas sobre

(preencha com o nome de quem você sorteou)

- Sobre qual assunto você gostaria de conversar com ele (ou ela)?
- Qual o aspecto do seu caráter que você mais admira?
- Que habilidade dessa pessoa você gostaria de ter?
- Se tivesse oportunidade, o que pediria para ele (ou ela) lhe ensinar?
- Se pudessem praticar juntos alguma atividade recreativa, o que escolheria fazer em sua companhia?
- Qual o versículo que descreve o estilo de vida dele (ou dela)?

Quando todos terminarem, recolha os papéis e entregue a cada um a folha que traz o seu próprio nome. Cada participante deve tentar adivinhar quem o descreveu.

- *Compartilhar:* A língua é um instrumento poderoso que pode ser usado de modo positivo para edificar ou negativo para destruir — Tiago 4.11,12.

17 Uma joia nas costas

- *Material necessário:* Nome de cada componente do grupo escrito num cartão, alfinetes, cartões em branco, canetas.
- *Procedimento:* Prenda nas costas de cada integrante do grupo um cartão com o nome de outra pessoa. Cada um deve tentar adivinhar o nome que está em suas costas. Para tanto, deve procurar os demais participantes e pedir que lhe apontem boas qualidades da pessoa cujo nome está em suas costas (aspectos de caráter devem ser preferidos a aspectos físicos). Cada pessoa pode fornecer apenas uma informação e esta deve ser registrada no cartão. Assim que tiver terminado de colher as informações e descoberto o nome que está em suas costas, a pessoa deve procurar a outra, confirmar se é a pessoa certa e então lhe entregar o cartão onde estão anotadas as informações fornecidas pelos demais.
- *Compartilhar:* Somos joias preciosas para Deus, *pedras vivas*, com qualidades singulares e de muito valor — 1Pedro 1.7; 2.4,5.

18 Caça aos autógrafos

- *Material necessário:* Canetas, cópias do material elaborado.
- *Procedimento:* Aliste aspectos característicos dos integrantes do grupo e prepare uma relação semelhante a esta:

É o caçula da família	
Gosta de comer fígado	
Ronca enquanto dorme	
Não sabe nadar	
"Defende-se" em quatro línguas	

Toca violino	
Já morou em quatro cidades diferentes	
Sabe cozinhar	
Já viajou ao exterior	
Não gosta de comer pizza	
Já morou sozinho	
Tem quatro ou mais irmãos (ou irmãs)	
Os pais não são brasileiros	

Distribua as folhas e peça aos participantes para procurarem quem possa assinar em um ou mais itens, dentro de determinado prazo. Esgotado o tempo, confira as respostas em grupo para que todos as conheçam e dê prêmios àqueles que conseguiram obter assinaturas em todos os itens.

- *Variação:* Os itens selecionados podem seguir um tema específico, por exemplo: fatos da infância para o Dia da Criança; vida escolar para o início das aulas; romance para o Dia dos Namorados.

19 Soletrando

- *Material necessário:* Canetas, folhas de papel em branco, cartões grandes com as letras do alfabeto (prepare maior número de cartões para as letras mais usadas, como, por exemplo, as vogais) e alfinetes.
- *Procedimento:* Entregue a cada participante uma folha de papel em branco, uma caneta e uma letra do alfabeto, que deve ser presa de modo bem visível em sua roupa. Dado um sinal,

cada um vai procurar se juntar a outros participantes com os quais possa formar uma palavra. A um novo sinal, todos devem parar onde estão. Avalie as palavras formadas, verifique que sejam registradas pelos participantes em suas folhas e dê início a uma nova rodada.

Encerrada a brincadeira, vence quem tiver o maior número de palavras registradas em sua folha.

- *Variação:* Pode-se ter um tipo diferente de palavra a cada rodada: animais, flores, palavras com determinado número de letras etc.

20 Obra de arte

- *Material necessário:* Nomes dos integrantes do grupo preparados em bilhetes para sorteio, massa de modelar (barro ou outro material artístico), canetas e cartões em branco.
- *Procedimento:* Cada participante deve sortear um nome, verificar que não seja o seu e mantê-lo em segredo. Distribua pequenos pedaços de massa de modelar, mais ou menos do tamanho de uma laranja, e cartões que possam ser usados como base para as esculturas ou para escrever breves mensagens. Cada pessoa deve modelar uma obra de arte — um objeto ou figura que de algum modo expresse um ou mais aspectos que se destacam na vida do "amigo secreto". Por exemplo, pode-se preparar uma ferramenta para quem tem o dom de serviço, uma caneta para quem se destaca como escritor, uma vara de pescar para quem está sempre evangelizando. Quando todos terminarem, o grupo se reúne em círculo.

Um de cada vez, os participantes entregam suas obras de arte, explicando o que elas querem expressar.

- *Compartilhar:* Somos obras de arte de Deus — Efésios 2.10. Encerre com um momento de oração em grupo ou em duplas, agradecendo a Deus por estar moldando obras tão especiais, com aspectos singulares que podem ser apreciados.

Suas ideias...

Parte 2

Programas sociais

As opções sadias de divertimento que o mundo oferece para o jovem crente são bastante limitadas e, infelizmente, na igreja a situação nem sempre é melhor. O mundo evangélico, com frequência, tende a cair em um dos dois extremos: oferecer um programa altamente bíblico, mas totalmente irrelevante às necessidades e aos interesses do jovem, ou promover um programa atraente, mas sem base ou autoridade bíblicas. No primeiro caso, cometemos o crime quase que imperdoável de cansar pessoas com as palavras vivas de Deus. No segundo, e talvez pior, tornamo-nos palhaços num circo evangélico. Talvez deem risada na hora do espetáculo, mas ninguém sai profundamente marcado por aquilo que viu e ouviu.

Oferecemos aqui quarenta ideias criativas para atividades sociais, visando facilitar um equilíbrio entre o "social" e o "bíblico" na vida do grupo. Isso não significa necessariamente uma separação entre os dois. Pelo contrário, defendemos a tese de que divertimento é bíblico, agrada a Deus e pode ser instrumento para se alcançar o propósito maior de transformação de vidas pelo Espírito e pela Palavra de Deus.

As ideias que apresentamos tendem a ser programas completos, que incluem até mesmo a refeição. Cada programa é construído ao redor de um tema e vem, geralmente, acompanhado por uma sugestão para devocional. Mais uma vez ressaltamos que não é necessário "espiritualizar" a atividade para que ela seja edificante e saudável. Mas, por outro lado, se o ambiente for propício, por que não aproveitá-lo para marcar algumas vidas com a Palavra de Deus?

Os programas sociais são ótimas oportunidades para atrair e evangelizar descrentes, mostrando que nós, "evangélicos" também sabemos nos divertir e de forma edificante. São ainda excelentes para promover maior comunhão e intimidade entre os integrantes do grupo e para facilitar o entrosamento dos recém-chegados, além de ser possível aproveitá-los para promover intercâmbios com outros grupos semelhantes.

Ao escolher uma ideia para a próxima programação do seu grupo, lembre-se de que é necessário adaptá-la à sua realidade. E, talvez, a melhor ideia contida neste livro seja aquela que você mesmo vai criar e acrescentar no final! Que o seu grupo possa se divertir bastante e encontrar o equilíbrio entre o "social" e o "espiritual".

21 Noite da verdade

- *Preparativos:* Com antecedência, entre em contato com um ou mais integrantes do grupo que tenham feito algo divertido que não seja do conhecimento dos demais. Escreva um relato da experiência daquela pessoa. Sua redação deve ser cômica, tanto quanto possível, e cheia de suspense. Convide ainda dois "impostores" que devem participar da brincadeira afirmando terem passado pela mesma experiência. Providencie também o material necessário para as demais brincadeiras da noite.

Programas sociais | 45

- *Evento:* Reúna o grupo e convide as três pessoas com quem entrou previamente em contato (o protagonista da experiência e os dois impostores) para que se levantem e contem ao grupo em poucas palavras o que fizeram. Por exemplo, podem dizer: "Meu nome é _____ e quando eu tinha 7 anos fui para a Austrália com meu avô". É importante que os três digam a mesma frase, inserindo seus nomes. Logo em seguida, leia o relato da experiência, contando em detalhes como tudo aconteceu. Terminado o relato, o grupo pode interrogar livremente as três pessoas para descobrir qual delas é o verdadeiro protagonista da aventura. Após dez minutos de perguntas e respostas, o grupo deve expressar seu parecer numa votação. Mencione uma a uma as três opções e peça aos presentes que levantem a mão para indicar sua preferência. Pergunte a várias pessoas o porquê de sua opção por um ou por outro. Encerrada a votação, convide o verdadeiro protagonista a se identificar.

- *Outras atividades sugeridas*
  - Estimule alguns a prepararem com antecedência esquetes que trabalhem o tema da reunião. Oriente os integrantes do grupo para que procurem encenar situações do cotidiano, que possam ser discutidas após as apresentações.
  - Distribua canetas e folhas de papel. Inicie uma sentença — "Verdade é..." — e desafie cada um a escrever o que lhe ocorrer à mente naquele momento. As respostas podem ser tanto divertidas como sérias e os participantes não precisam assinar seus nomes. Todos devem dobrar o papel e entregá-lo; quem não tiver algo a dizer pode entregar a folha em branco. Leia as frases uma a uma e estimule o grupo a fazer comentários e uma avaliação bíblica do

assunto. Escolha os destaques da noite: a resposta mais divertida, a mais original, a mais sábia etc.

- Distribua canetas e folhas de papel. Narre um caso (real ou elaborado por você) e interrompa no momento em que o protagonista deve decidir entre falar ou não a verdade. Peça aos participantes para completarem a história. Todos devem entregar suas folhas, mas não é necessário se identificar. Leia as sugestões apresentadas e avalie com o grupo a solução bíblica para o caso.

■ *Compartilhar:* Devemos falar sempre a verdade em amor — Efésios 4.25.

22 Missão impossível

■ *Preparativos:* Elabore uma "missão impossível" a ser executada pelos integrantes do seu grupo. Siga a sugestão fornecida abaixo, lembrando de incluir desafios maiores e menores, e até tarefas que você considere mesmo impossíveis de serem cumpridas.

■ *Evento:* Divida o grupo em dois times e entregue a cada um deles a relação de tarefas que devem ser completadas dentro de um prazo estabelecido.

Missão impossível

Vocês estão partindo para realizar uma missão impossível. Cumpram as tarefas abaixo não necessariamente na ordem em que se encontram. Enquanto estiverem envolvidos numa das atividades, não contem a pessoas estranhas a razão de estarem fazendo ou pedindo determinada coisa. Estejam de volta às _____ horas, independente de terem ou não completado a missão. O atraso implica perda de pontos.

Programas sociais | 47

- Conseguir um atestado médico que declare que ninguém do time está com peste bubônica.
- Convencer uma pessoa a se unir ao time para o restante da noite, sem lhe fornecer explicações sobre a missão impossível até que tenha se disposto a acompanhá-los.
- O time todo deve dar uma volta ao redor do quarteirão, dançando e batendo palmas.
- Conseguir que uma senhora da igreja prepare um bolo ou biscoitos para o lanche do grupo.

O time que completar satisfatoriamente o maior número de tarefas será o vencedor. Caso julgue necessário, providencie para que cada time saia acompanhado por um juiz que possa verificar que as instruções sejam seguidas.

■ *Compartilhar:* Nosso Deus é o Deus dos impossíveis – Mateus 19.26; Filipenses 4.13; Marcos 9.23.

23 Hóspedes famosos

■ *Preparativos:* Divida o grupo em times. Entregue aos times, com antecedência, uma lista de pessoas (sem especificar nomes) a quem devem entrevistar, pedir o autógrafo e convidar para integrar o grupo durante a próxima programação. Cada autógrafo vale cinco pontos, cada entrevista gravada, dez pontos, e cada convidado presente, quinze pontos. Elabore a lista de pessoas conforme o assunto que quiser destacar com o grupo. Por exemplo, se estão tratando de oportunidades de ministério, pode pedir que localizem pessoas que estão ativas nos diferentes tipos de ministério. O mesmo pode ser feito com relação a esportes ou a profissões.

48 | 101 ideias criativas para grupos pequenos

- *Evento:* Recepcione os hóspedes. Cada time deve se responsabilizar pela apresentação dos seus convidados.
- *Atividades sugeridas*
  - Assistam juntos a um filme sobre o tema tratado.
  - Promova perfis e/ou um painel para que o grupo conheça mais de perto os hóspedes.
  - Ouçam durante o encontro as entrevistas gravadas.

24 Noite da nostalgia

- *Preparativos:* Planeje uma noite do século 18, dos anos 60 ou de outro período a sua escolha. O grupo deve voltar no tempo, utilizando música e decoração para criar o ambiente adequado e trajando-se a caráter. Alugue filmes antigos.
- *Evento:* Durante a programação, cumprimentos, conversas e etiqueta devem seguir os moldes da época.
- *Atividades sugeridas*
  - Organize um concurso de trajes.
  - Aplique uma "provinha" sobre fatos históricos ou curiosos da época escolhida.
  - Convide algumas pessoas para compartilharem sobre a história da sua família, salientando como Deus tem agido ao longo dos anos e particularmente no período destacado pela programação.

- *Compartilhar:* A atuação de Deus é constante ao longo da história — Salmo 78.1-8; Hebreus 12.1,2; Deuteronômio 6.4-9.

25 Noite do jornal

- *Preparativos:* Tenha disponíveis revistas e jornais velhos.
- *Evento:* Dirija várias brincadeiras, todas elas usando revistas e jornais.

Programas sociais | 49

- Cada pessoa deve sortear o nome de outra e receber uma ou mais folhas de revista. Deve dobrar, rasgar ou amassar o papel de modo que possa representar alguma característica daquela pessoa. Por exemplo, pode-se preparar uma bola para alguém que goste de jogar basquete. No final, dirija alguns momentos de compartilhar e dê oportunidade para a troca de "presentes".
- Vá de papel! (Revezamento)
  Divida o grupo em times e entregue a cada pessoa duas folhas de jornal. Um a um, os integrantes dos times devem caminhar até determinado alvo e depois voltar ao ponto de partida, pisando sempre no papel: pisam na folha da frente com os dois pés, voltam-se e pegam a folha de trás, colocam-na adiante e deslocam-se para frente repetindo a operação. Vence o time que completar a atividade no menor tempo.
- Forme vários times que devem vestir um de seus integrantes com roupas de jornal. O personagem representado deve ser o mesmo para todos os times (p. ex.: uma noiva, um bombeiro, um personagem de história em quadrinhos etc.). O time que conseguir melhor caracterizar o personagem recebe um prêmio. Se possível, os times devem trabalhar em salas diferentes.
- Prepare uma lista de ilustrações que cada time deve "caçar" em revistas: pessoas dando risadas, um casal de idosos, cena de um jogo de basquete, um bolo de aniversário etc. Entregue a mesma quantidade de revistas a cada time. Aquele que completar primeiro a tarefa é o vencedor.
- Divida a sala ou quintal em duas partes e erga uma barreira com cadeiras, cordas etc. Cada time fica de um lado e recebe uma pilha de jornais. Dado um sinal, os times devem fazer bolas de jornal e atirar para o outro lado. Os times podem se defender, mas as bolas que caírem no chão não podem ser recolhidas. Passados cinco minutos, o time que tiver menor quantidade de bolas de papel no seu campo é o vencedor.

50 | 101 ideias criativas para grupos pequenos

26 Investimentos

- *Preparativos:* Prepare sacos de mercado com itens comestíveis, mas que não sejam de "consumo imediato": um dente de alho, um chuchu, uma abobrinha, canela em pó, um cubo de fermento, um dado de caldo de carne, um saquinho de pó de gelatina incolor etc. Todos os sacos podem conter os mesmos itens ou itens diferentes.
- *Evento:* Divida o grupo em times e entregue um saco a cada time, explicando que aquela é a sua "refeição". Os participantes devem sair e percorrer as casas de amigos, fazendo trocas para melhorar a qualidade de sua refeição. Não podem ir às suas próprias casas nem fazer compras. É permitido fazer uma só troca em cada casa. Estabeleça um horário de retorno. Quando cada grupo estiver de volta, deve preparar o seu lanche, e aquele que tiver feito o melhor "investimento" recebe um prêmio.
- *Compartilhar:* Conversem sobre a parábola dos talentos — Mateus 25.14-30:
  - Talentos diferentes,
  - Investimentos diferentes,
  - Mas galardão igual.

27 Rally

- *Preparativos:* Verifique que no grupo haja pessoas habilitadas para dirigir veículo e também veículos em número suficiente. Elabore o percurso que os times devem seguir e a relação de tarefas que devem cumprir.
- *Evento:* Divida o grupo em times de até quatro pessoas. Cada time recebe as instruções e um mapa com o percurso que deve seguir. Os times partem de pontos diferentes,

mas completam o mesmo percurso. Todas as leis de trânsito devem ser obedecidas, sob pena de desclassificação. É oportuno que haja um juiz em cada veículo para verificar que as instruções sejam obedecidas e cronometrar a atividade. Vence o time que completar o percurso em menor tempo (que deve ser marcado quando o veículo estiver de volta ao ponto de partida) e tiver o maior número de respostas certas.

GRAN RALLY

1. Sigam reto até o segundo farol e virem à esquerda. Quantas luminárias de rua há entre o primeiro e o segundo farol?

2. Prossigam até o parque. Quantos tipos de brinquedos infantis encontraram no parque?

3. Agora virem à direita e sigam adiante por mais três quarteirões. Por quantas bancas de jornal vocês passaram?

4. Sigam até o farol e virem à esquerda. Um de vocês deve ir ao orelhão da esquina e telefonar para a igreja, identificando o time e confirmando a sua posição no percurso. Pelo telefone receberá a instrução nº 5, que deve ser anotada abaixo.

5. _____

6. Agora sigam até a praça. Qual o nome da farmácia que está entre a lanchonete e a livraria?

7. Saindo da frente da farmácia, virem à direita e prossigam por duas quadras. PONTO FINAL! Entreguem esta folha com as anotações feitas durante o percurso.

28 Maratona

- *Preparativos:* A maratona visa levantar recursos para o grupo. Planeje atividades como lavar carros, cortar grama, cuidar de crianças pequenas, arrecadar jornais velhos, fazer geleias ou executar outros serviços de casa. O grupo pode oferecer seus préstimos para as famílias da igreja ou da vizinhança. É possível montar um esquema de revezamento, em que todos participam conforme a sua disponibilidade de tempo.
- *Evento:* Reúna o grupo antes do início das atividades para estabelecer alvos e para encorajamento mútuo. No final do período de trabalho, sirva um lanche e proporcione momentos de comunhão.
- *Variação:* "Corrida da multiplicação" — promova uma corrida (pode ser também de bicicleta) e oriente cada participante para que consiga patrocinadores que contribuam com determinada quantia a cada 100 metros percorridos. A duração da corrida pode ser de 30 a 60 minutos.
- *Compartilhar:* A perseverança é uma qualidade importante na vida do cristão 2Timóteo 4.7; Hebreus 12.1,2.

29 Torneio de jogos

- *Preparativos:* Organize um torneio com quatro ou mais jogos de mesa diferentes. Elabore uma tabela onde os participantes possam conferir onde e com quem vão competir durante cada período. Por exemplo, para vinte pessoas temos:

Período	JOGO 1	JOGO 2	JOGO 3	JOGO 4
1	1,2,3,4,5	6,7,8,9,10	11,12,13,14,15	16,17,18,19,20
2	6,7,11,12,20	1,2,13,16,17	3,8,9,18,19	4,5,10,14,15
3	8,9,16,18,19	3,4,11,14,15	1,5,10,17,20	2,6,7,12,13
4	10,13,14,15,17	5,12,18,19,20	2,4,6,7,16	1,3,8,9,11

- *Evento:* Distribua cartões numerados para que cada participante possa identificar sua localização pela tabela do torneio. Dado o sinal de início, verifique que os jogos estejam correndo normalmente. Em cada sala deve haver um responsável por anotar os resultados e atribuir os pontos: 10 para o primeiro colocado, 5 para o segundo e 3 para o terceiro. Os períodos podem ter duração média de 15 minutos ou mais, conforme o tempo de que se dispõe. No final do torneio, vence a pessoa que tiver o maior número de pontos.

30 Noite de brincadeiras

- *Preparativos:* Planeje uma sequência de brincadeiras (ver as ideias deste livro) e providencie o material necessário.
- *Evento:* Divida o grupo em times e dirija as competições. Atribua pontos aos vencedores de cada atividade e entregue um troféu ao time campeão.

31 Caça aos sons

- *Preparativos:* Verifique que cada time tem como gravar os sons. Elabore uma relação das tarefas que os times devem cumprir.
- *Evento:* Divida o grupo em times e entregue uma cópia da relação de tarefas, conforme modelo sugerido. É aconselhável

que cada time saia acompanhado de uma pessoa que possa verificar que as instruções sejam seguidas, sob pena de desclassificação.

CAÇA AOS SONS

Vocês estão saindo para uma caça emocionante e "estrondosa". Sua arma é um gravador e o alvo são os sons aqui relacionados. Antes de gravar cada um dos sons, alguém do time deve falar em voz clara a identidade do som. Todos os membros do time devem estar presentes quando os sons estiverem sendo gravados — não é permitido subdividir o time para cumprir as tarefas em menor tempo. Voltem dentro do prazo estipulado: _____ horas. Caso cheguem mais tarde, perderão um ponto a cada 5 minutos de atraso.

( ) Vidro quebrando (1 ponto)
( ) Duas crianças cantando "Três palavrinhas só" (2 pontos)
( ) Cachorro latindo (3 pontos)
( ) Relógio tocando 12 horas — pode acertar a hora (2 pontos)
( ) Martelo batendo um prego (1 ponto)
( ) Telefone tocando (2 pontos)
( ) Bexiga estourando (2 pontos)
( ) Senhora com mais de 50 anos gritando (3 pontos)
( ) Neném chorando (3 pontos)
( ) Moto dando partida (2 pontos)
( ) Alguém do time tocando piano (2 pontos)
( ) Alguém do time tocando qualquer outro instrumento (3 pontos)

( ) Todos os integrantes do time cantando uma música criada por vocês (3 pontos)

( ) Rojão estourando (3 pontos)

( ) Tecido rasgando (1 ponto)

( ) "Eu te amo" falado em várias línguas (1 ponto para cada língua)

( ) Pessoa com mais de 6 anos contando uma piada (3 pontos)

( ) Pessoa cantando uma música caipira (2 pontos)

32 Dia dos recordes

- *Preparativos:* Elabore um painel de recordes para o seu grupo, destacando vários "eventos olímpicos". Faça um cartaz atraente e que possa ser guardado como recordação.

Categoria	Marca	Recordista
Pessoas que podem andar juntas numa bicicleta		
Bananas comidas em 5 minutos		
Número de grãos de feijão numa colher de sopa		
Tempo para percorrer a "pista" — do templo ao banheiro masculino		

- *Evento:* Dirija as competições e anote os resultados no painel. Fotografe ou guarde o painel para recordar o evento no futuro.
- *Compartilhar:* Verifiquem alguns dos recordes que podemos encontrar na Bíblia:

Recordista	Evento	Princípio bíblico
Matusalém	Longevidade (Gn 5.21-26)	Obediência aos pais
Elias	"Maratona" (1Rs 18 e 19)	Dependência de Deus
Sansão	Levantamento de peso (Jz 13 a 16)	Perigo da sensualidade
Paulo	Sofrimento (2Co 11.16ss)	"Pagar o preço"
Davi	Luta livre (1Sm 17)	Confiança em Deus

33 Caça ao tesouro

- *Preparativos:* Elabore e esconda várias pistas em lugares diferentes da casa, no jardim, nos arredores etc. Cada pista deve trazer informações para a localização da seguinte. O tesouro pode ser um saco de doces ou algo de particular interesse do grupo. Planeje os percursos de forma que os times devam decifrar pistas iguais, mas em sequência diferente para que não percebam até que ponto o adversário já chegou. Se preferir, elabore pistas diferentes, mas com o mesmo grau de dificuldade. Identifique as pistas de cada grupo com cores diferentes.
- *Evento:* Reúna os participantes, divida em dois times e entregue a cada um deles uma folha com as instruções iniciais.

CAÇA AO TESOURO

Para receberem sua primeira pista, obedeçam às seguintes instruções:

1. Leiam todas as tarefas relacionadas nesta folha antes de começar a realizar qualquer uma delas.

Programas sociais | 57

2. Completem com:
   - Soma das idades dos integrantes do time
   - Lista dos nomes dos integrantes do time em ordem alfabética

   _____

   _____

   _____

   _____

   - Versículo escolhido pelo time como lema

   _____

   _____

   _____

   _____

3. Saiam no jardim e gritem todos juntos: "Seremos os primeiros!"
4. Se vocês seguiram a instrução nº 1, devolvam imediatamente este papel e recebam em troca a primeira pista.

■ *Variação:* Coloque cerca de vinte objetos em vários lugares da casa, em planos visíveis (gavetas ou portas de armários não devem ser abertas). Em cada objeto deve haver um número pendurado. Cada pessoa recebe uma lista de objetos e o seu alvo é localizá-los e escrever o respectivo número ao lado do nome, sem tocá-los e sem atrair a atenção dos demais participantes, para não "delatar" os objetos encontrados. Quem completar a tarefa em menor tempo é o vencedor. Objetos que podem ser facilmente utilizados: clipe de papel, anel, grampo de cabelo, pulseira, selo, alfinete de segurança, chave, moeda, talher, caneta e outros...

■ *Devocional:* Onde está o meu tesouro? — Mateus 6.19-21.

34 Olimpíadas

- *Preparativos:* Elabore uma sequência de atividades que possam ser praticadas ao ar livre e envolvam um time todo (como no caso das corridas de revezamento) ou só algumas pessoas. Monte o percurso que os times devem seguir e providencie uma pessoa para cuidar de cada competição.
- *Evento:* Divida o grupo em times e entregue aos seus líderes uma cópia do percurso, indicando a sequência das competições de que vão participar. Todos os times devem cumprir o mesmo percurso, mas partem de competições diferentes para que cheguem um por vez aos postos. Em cada posto, o responsável anota o nome da(s) pessoa(s) que participa(m) daquela atividade e os resultados obtidos. Cabe ao líder do time orientar para que cada um contribua naquilo em que é mais capaz.

OLIMPÍADA		
Time:		
Competições	**Participantes**	**Resultado/pontos**
1. Tiro ao alvo		tiros
2. Corrida de saco	O time completo	min.
3. Cesta de basquete		cestas
4. Corrida de obstáculo	O time completo	min.
5. Gol!		gols
6. Revezamento clássico	O time completo	min.
7. Travessia da piscina		min.
8. Arremesso		metros
9. Salto em distância		metros
10. Revez. de bicicleta		min.

No final, para cada competição atribua um número de pontos aos times segundo a sua classificação no quadro geral e homenageie o vencedor.

- *Compartilhar:* Quatro estratégias para vencer a "olimpíada cristã" – Hebreus 12.1,2:
  - Lembrar os antepassados
  - Correr com perseverança
  - Tirar todo peso
  - Olhar sempre para Jesus.

35 Alta rotação

- *Preparativos:* Planeje com seu grupo uma noite (ou tarde) de jogos. Peça aos participantes para trazerem diferentes jogos de mesa ou consiga jogos emprestados. Divida o grupo em times e os integrantes de cada time em duplas. Verifique que os jogos sejam apropriados para quatro jogadores.

- *Evento:* Disponha várias mesinhas em círculo, cada uma com um jogo diferente e lugar para quatro jogadores. Se não dispuser de mesas, os jogadores podem sentar no chão. Os times devem tomar seus lugares de modo a formar um círculo externo (time A) e um círculo interno (time B). As duplas jogam numa mesma mesa durante 10 minutos, até que seja dado um sinal. Todos vão então rodar à sua direita (cada dupla vai para um novo jogo, com nova dupla adversária) e prosseguir no jogo a partir do ponto onde os companheiros de time pararam. Anote os resultados no caso de partidas que forem se completando, atribua pontos ao time da dupla que venceu e verifique que novas partidas tenham início. A atividade prossegue até que todas as duplas de um time tenham atuado em todos os jogos. Vence o time que tiver acumulado o maior número de pontos.

- *Compartilhar:* A vida cristã não é ganha de uma só vez, mas "batalha" por "batalha", dia após dia, ainda que haja derrotas ocasionais.

O bom êxito exige interdependência (Ec 4.9,10), perseverança (Hb 10.35-39) e fé (1Jo 5.4). Em Cristo Jesus a vitória final é certa (1Co 15.54-57).

36 Jantar progressivo

- *Preparativos:* Planeje um jantar em várias casas, servindo uma parte da refeição em cada uma delas (entrada, salada, prato principal, sobremesa, cafezinho). Pode ser uma boa oportunidade para os integrantes do grupo conhecerem algumas famílias da igreja.
- *Evento:* Reúna os participantes e percorram juntos o roteiro do jantar. Em cada casa, além de parte da refeição, envolva os participantes em alguma atividade: brincadeiras, "perfil" da família anfitriã, compartilhar, louvor etc.
- *Variações:* O próprio grupo deve descobrir o roteiro a ser seguido, decifrando pistas que o levem de uma casa para outra. Em cada casa deve haver uma nova pista. A motivação para decifrar as charadas sem dúvida será grande!

  Se o grupo for muito grande, divida os participantes em vários grupos menores (6 a 10 pessoas), cada um deles começando a refeição numa casa diferente. Neste caso, em cada residência deve haver uma refeição completa em quantidade suficiente para o número de integrantes dos grupos pequenos. Cada grupo que chegar àquela casa fará uma parte da refeição.
- *Compartilhar:* Peregrinação e progresso são aspectos característicos da vida cristã:

Programas sociais | 61

- O crente é cidadão do céu (Fp 3.20; Hb 11.16)
- O crente é peregrino na terra (Hb 11.8-10; 12.16)
- O crente progride durante a caminhada na terra (Fp 3.12-14).

37 Jantar misterioso

■ *Preparativos:* Prepare um jantar cujo cardápio contenha 16 itens diferentes, com nomes misteriosos, incluindo os pratos salgados, doces, os talheres, copos etc.

Cardápio misterioso		Cardápio chave	
A.	1. Pá de lixo	A.	1. Colher de sobremesa
	2. Tridente		2. Garfo
	3. Serrote		3. Faca
	4. Bigode de gato		4. Palito de dente
B.	1. Asa de mosca	B.	1. Guardanapo
	2. Perninha de aranha frita		2. Aperitivo em palito
	3. Mosca torrada		3. Morango
	4. Pulga à milanesa		4. Batata
C.	1. Besouro no espeto	C.	1. Carne
	2. Ninho de cobra		2. Copo
	3. Lagartixa ensopada		3. Molho
	4. Casquinha de barata crocante		4. Biscoito
D.	1. Urtiga	D.	1. Salada
	2. Piolho assado		2. Pão
	3. Miolo de cobra congelado		3. Sorvete
	4. Veneno de escorpião		4. Suco

- *Evento:* Divida os participantes em quatro grupos, que devem ocupar mesas separadas. Cada grupo recebe um "Cardápio misterioso" e uma folha para fazer seu pedido. Os 16 itens devem ser servidos para cada grupo em quatro rodadas (quatro itens por rodada), na ordem em que forem pedidos.

JANTAR MISTERIOSO

Indique abaixo os itens que querem receber a cada rodada. Certifiquem-se de que escolheram cada item uma única vez e que cada rodada inclui itens dos quatro grupos (A,B,C e D).

PRIMEIRA RODADA

A. _____
B. _____
C. _____
D. _____

TERCEIRA RODADA

A. _____
B. _____
C. _____
D. _____

SEGUNDA RODADA

A. _____
B. _____
C. _____
D. _____

QUARTA RODADA

A. _____
B. _____
C. _____
D. _____

Recolha os pedidos e sirva a primeira rodada. Usando o cardápio chave, pode-se identificar o que servir em cada mesa nas diversas rodadas. Será divertido ver a ordem em que os grupos conseguirão comer! Tome muito cuidado para que os seus hóspedes não vejam o cardápio chave e descubram a melhor ordem para pedir a comida. Para receber uma nova rodada é necessário que o grupo tenha consumido a anterior, exceto no caso do suco, que podem guardar até o final. É interessante que haja uma equipe de garçons e/ou garçonetes servindo.

- *Outras atividades:* Inclua em seu programa brincadeiras no tema "mistério" (ver p.169,170).
- *Compartilhar:* O mistério da nossa salvação — Efésios 2.1-9; 3.1-6.

38 Noite da pizza

- *Preparativos:* Providencie rodelas de massa para pizza.
- *Evento:* Divida os participantes em times de até quatro pessoas e entregue uma rodela de massa para pizza a cada time. Todos devem sair em busca de ingredientes para preparar suas pizzas (tomate, queijo etc.). Podem pedir na casa de amigos, mas não é permitido comprar ingredientes ou ir às suas próprias casas. Em cada casa só é permitido receber um ingrediente. Esgotado um prazo estabelecido, os times devem voltar, montar as pizzas e colocá-las para assar. Um juiz deve avaliar a pizza mais gostosa, a mais bonita, a que tem maior número de ingredientes etc.
- *Compartilhar:* Sempre podemos recorrer ao Senhor para o suprimento de nossas necessidades, "pedindo, buscando e batendo" — Mateus 7.7-11.

39 Noite dos sanduíches

- *Preparativos:* Providencie pão e vários ingredientes para preparar sanduíches, separados em porções individuais. Molhos, margarina e outros temperos podem ser de uso comum. Providencie também o material necessário para as brincadeiras.
- *Evento:* Cada participante recebe seu *kit* para preparar o sanduíche e deve procurar ser o mais criativo possível. Cada

64 | 101 ideias criativas para grupos pequenos

um deve dar nome ao seu sanduíche e criar um *slogan* e um cartaz promocional. Indique uma comissão para julgar o sanduíche mais original, o mais bonito e a melhor promoção. Sirva suco ou refrigerantes para acompanhar. Após o lanche, dirija algumas brincadeiras.

- *Compartilhar:* O Deus criador nos fez criativos — Gênesis 1.31a.

40 Rodízio de sorvete

- *Preparativos:* Compre duas bolas de tantos sabores de sorvete quantos for possível encontrar. Não esqueça de levar um recipiente de isopor com gelo para que o sorvete não derreta. Prepare uma relação dos sabores de sorvete e providencie uma cópia para cada participante.

- *Evento:* Coloque os diferentes sabores de sorvete em recipientes numerados, em volta de uma mesa. Dê a cada pessoa uma colher, um copo e uma cópia da relação de sabores de sorvete. Todos devem se servir de uma colherada de cada sabor, experimentar para tentar identificá-lo e escrever o número do recipiente ao lado do respectivo nome de sorvete que consta da lista. É aconselhável que os participantes se familiarizem com a lista de sabores antes de começar a testá-los, pois só podem experimentar os sorvetes uma única vez e em pequena quantidade.

  Estabeleça um tempo limite para a atividade e então recolha as folhas. Dê um prêmio a quem tiver o maior número de respostas certas. Terminada a brincadeira, sirva o sorvete que restou, acompanhado de biscoitos ou bolo. Permita que o primeiro colocado tenha preferência na escolha do sabor que deseja comer, seguido pelo segundo colocado e assim por diante. Após a sorvetada, promova outras brincadeiras e competições.

RODÍZIO DE SORVETE	
Sabor	nº
Abacaxi	
Ameixa	
Brigadeiro	
Chocolate	
Coco	
Creme	
Crocante	
Doce de leite	
Flocos	
Leite condensado	
Manga	
Maracujá	
Menta	
Morango	
Nozes	
Passas ao rum	
Pêssego	

- *Compartilhar:* O "sabor" da Palavra de Deus:
  - É mais doce que o mel — Salmo 119.103; 19.9,10; Jeremias 15.16
  - Satisfaz mais do que a água — João 4.10 - 14
  - Alimenta mais que o pão — Mateus 4.4; Deuteronômio 8.3.

41 Noite de mistério

- *Preparativos:* Elabore e distribua com antecedência convites pedindo a cada um para trazer um saco de papel (deve ser de preferência um saco de pão, sem identificação externa) contendo: dois sanduíches, uma sobremesa e uma pista que ajude na descoberta de sua identidade. Providencie música que proporcione um clima de "mistério" e o material necessário para as brincadeiras que programar.

- *Evento:* À chegada, cada pessoa deve deixar o saco de refeição junto à entrada, em lugar preestabelecido. Reúna, misture e distribua os sacos à hora do lanche, ao som de música que crie um clima de "mistério". Cada participante deve tentar descobrir a identidade de quem preparou a sua refeição. Entregue prêmios a quem conseguir acertar na primeira tentativa. Antes e após a refeição, dirija brincadeiras no tema "mistério" e, se julgar oportuno, conclua com um "Destino desconhecido".

Brincadeiras sugeridas

- *Detetive:* O grupo senta-se em círculo e todos recebem um pedaço de papel em branco, dobrado. Um dos papéis está marcado com um "X" e quem o recebe é o assassino, que não deve se identificar, mas começar a matar os demais com piscadelas secretas. A pessoa que recebe uma piscadela deve esperar alguns segundos e então morrer, fazendo uma grande encenação. Quando alguém conseguir identificar o assassino, poderá denunciá-lo. Se errar, morre e o jogo prossegue. Se acertar, ganha algum prêmio e a brincadeira recomeça, com nova distribuição de bilhetes.
- *Enigmas:* Escolha um tema, como, por exemplo, personagens da Bíblia. Divida o grupo em três ou mais times, que devem preparar quatro enigmas cada – charadas ou dramatizações. Sorteie o grupo que deve dar início às apresentações. O primeiro grupo que adivinhar corretamente ganha um ponto e o direito de apresentar o próximo enigma. Vence o grupo que no final alcançar o maior número de pontos.

- *Caça enigmática:* Divida o grupo em dois times. Cada time deve sair em busca de uma charada escondida em algum lugar da casa e que, quando decifrada, dá direito a um prêmio. Os times devem receber pistas que indiquem sutilmente onde achar a seguinte e que conduzam por caminhos diferentes até o local onde está a charada final, comum aos dois. Quem chegar primeiro à charada final terá o direito de resolvê-la. Se errar, este direito passa ao outro time.

■ *Compartilhar:* Conversem sobre alguns dos mistérios mencionados na Palavra de Deus:
- O mistério do novo nascimento — João 3.8
- O mistério da vida futura — 1Coríntios 15.51, 13.12
- O mistério dos caminhos de Deus — Romanos 11.33; Isaías 55.8,9.

42 Noite da batata

■ *Preparativos:* Convide o grupo para a programação e estabeleça como ingresso para cada participante um tipo de molho ou cobertura para as batatas. Asse com antecedência batatas em número suficiente para a refeição do grupo e previna-se com o material necessário para as brincadeiras.

■ *Evento:* À hora do lanche, leve à mesa as batatas e os vários ingredientes: molhos, presunto, queijo, ovos cozidos, cogumelos e outros mais. Cada pessoa deve preparar a sua batata. Estabeleça uma comissão para julgar a batata mais "criativa". Antes e após a refeição, dirija brincadeiras que tenham como tema a batata.

Brincadeiras sugeridas

Compre batatas fritas de diferentes marcas. Coloque cada qualidade numa tigela numerada e desafie os participantes a descobrirem a marca certa para cada tigela. Distribua folhas com a relação de marcas e deixe cada pessoa provar quatro batatas de cada tigela (maior ou menor quantidade depende do tamanho do grupo), pedindo que associe o número da tigela ao nome da marca. Recolha as folhas e proceda à verificação das respostas. Vence quem acertar o maior número de marcas.

- *Revezamento:* Divida o grupo em dois times. Cada participante deve correr até um ponto limite levando uma batata sobre um garfo (não espetada!) e voltar ao ponto inicial. A brincadeira prossegue em esquema de revezamento até que o time todo tenha participado. Vence o time que completar em menor tempo.
- *"Batata quente":* Reúna o grupo num grande círculo e entregue aos participantes uma ou mais batatas (conforme o tamanho do grupo), que serão lançadas de uma pessoa para outra, ao som de uma música.

  Desligue de repente a música e quem estiver naquele momento com uma batata nas mãos deve sair do jogo. Continue até que reste uma única pessoa.

- ■ *Variação:* Pode-se pedir aos participantes para contribuírem com batatas e então estabelecer uma comissão para julgar a batata mais bonita, a mais feia, a menor batata, a maior, a de formato mais divertido etc.

43 Noite do avesso

- ■ *Preparativos:* Confeccione convites, redigindo-os de trás para frente. Os participantes devem estar trajados com roupas vestidas pelo avesso. Providencie o material necessário para as brincadeiras.

Programas sociais | 69

- *Evento:* Cada atividade da noite deve ser conduzida em ordem invertida. À chegada, receba os participantes pela porta dos fundos e lembre-se de dizer "adeus". Quando saírem, dê boas-vindas e apresente os eventuais visitantes. A contagem dos pontos das brincadeiras deve ser regressiva, ou seja, parte-se do zero e perdem-se pontos ao ganhar uma competição. Os avisos e as instruções são dados por uma pessoa virada de costas. O jantar deve ser servido em ordem invertida, começando pela sobremesa.

- *Variação:* Prepare um jantar progressivo, começando pela sobremesa, e utilize várias salas do local. Os participantes devem se locomover de costas.

- *Compartilhar:* Em nossas vidas corremos o perigo de estabelecer prioridades invertidas — Ageu 1; Marcos 8.35-37.

44 Raízes

- *Preparativos:* O encontro visa despertar os participantes para suas "raízes". Cada um deve trazer um prato doce ou salgado que seja típico do país (ou Estado) de onde provém sua família. Deve trazer também um "tesouro da família" (uma relíquia, foto ou outro item que reflita suas raízes) e uma "curiosidade" (uma brincadeira típica ou fato curioso do local de origem). Peça ainda fotos do país e uma breve pesquisa com ênfase missionária: população, língua, religião, difusão do cristianismo, missões e missionários que atuam naquele campo, desafios missionários.

- *Evento:* Prepare uma mesa com os pratos típicos, identificando-os pelo nome e local de origem. Sirva porções pequenas para que todos tenham oportunidade de participar igualmente. Após o lanche, o grupo deve se reunir e cada pessoa pode mostrar o "tesouro da família", apresentar a "curiosidade" e compartilhar sobre o seu país de origem.

70 | 101 ideias criativas para grupos pequenos

- **Compartilhar**
  - Conversem sobre os desafios missionários e a necessidade de levarmos o evangelho a *toda tribo, língua, povo e nação* — Apocalipse 5.9-12.
  - "As raízes de Jesus" — Mateus 1.1-17; Lucas 3.23-28.

45 Celebração da amizade

- **Preparativos:** Promova esta reunião com muita antecedência. O próprio grupo pode confeccionar os convites a serem distribuídos. Incentive os integrantes do grupo a convidarem seus melhores amigos, de diferentes lugares, idades etc. Programe atividades como uma sorvetada ou projeção de filmes.
- **Evento:** Dispense particular atenção à recepção e apresentação dos visitantes. Atribua prêmios a quem trouxer:
  - O maior número de amigos
  - O amigo que veio de mais longe
  - O amigo mais idoso
  - O amigo mais jovem
  - O amigo mais parecido com quem o convidou

- **Compartilhar:** A Bíblia menciona no livro de Provérbios várias características de um bom amigo. Destaque algumas delas:
  - Sabedoria no falar e no ouvir (Pv 25.11; 18.13; 15.1; 22.11)
  - Constância e fidelidade (Pv 18.23; 17.17; 27.10)
  - Coragem para falar a verdade (Pv 27.5; 29.5; 28.23)
  - Sabedoria no aconselhar (Pv 27.9; 27.17)
  - Sensibilidade e respeito (Pv 25.20; 26.18,19; 25.17)
  - Lealdade (Pv 11.9; 16.28; 11.13; 24.28; 25.8,9,18; 20.6).

Programas sociais | 71

46 Esta é a sua vida!

- *Preparativos:* Esta programação visa homenagear alguém que não pertença ao grupo, mas que tenha contribuído de alguma forma com ele. Também pode ser planejada como despedida quando alguém do grupo for partir. Prepare um álbum de recordações, pedindo a cada um para contribuir com fotos, bilhetes etc. Convide pessoas que possam dar testemunho sobre a influência do homenageado em suas vidas. Se for possível, convide amigos e parentes que possam contar detalhes da vida da pessoa, desde a infância. Elabore um "perfil" (ver apêndices).

- *Evento:* Conduza a reunião de forma que a pessoa homenageada possa se sentir especial para o grupo. No final, entregue o álbum de recordações.

- *Variação:* Se não puder preparar o álbum, dobre ao meio uma folha de cartolina de modo a formar um "cartão gigante" e dê oportunidade a todos os presentes para escreverem, desenharem etc. Entregue ao homenageado no final da reunião.

- *Compartilhar:* Cristo faz diferença em nossas vidas – Efésios 2.11-16 ou Efésios 2.1-10.

47 Aniversário uma vez ao ano

- *Preparativos:* Convide seu grupo para uma festa de aniversário, mantendo em segredo o nome do aniversariante. Talvez queira pedir a cada participante para trazer um prato doce ou salgado. Decore a sala e providencie o material de acordo com as atividades que planejar.

- *Evento:* Uma boa maneira de prestigiar o aniversário de cada pessoa num único grande evento anual é premiar a pessoa mais jovem, a mais idosa, a que fez aniversário num feriado,

72 | 101 ideias criativas para grupos pequenos

a que nasceu mais distante de onde mora atualmente, a que fez aniversário em data mais recente, e ainda outros destaques de acordo com o seu grupo, de modo que ninguém fique esquecido. Será uma surpresa para todos! Divida o grupo em times e providencie bolos para serem decorados. Dê um prêmio para o time mais criativo. Dependendo do tamanho do grupo, pode haver um bolo para cada mês do ano, para cada semestre ou estação. Entre as atividades da noite, planeje brincadeiras normalmente usadas em aniversários infantis (telefone sem fio, salada de frutas, detetive etc.) — todos vão se divertir! Providencie para que cada participante tire por sorteio o nome de outro e prepare, com o material fornecido, um cartão de aniversário simples, mas que destaque uma característica da pessoa e traga uma palavra de encorajamento. Antes do término da reunião, deve haver a troca de cartões e oportunidade para que todos se cumprimentem.

- *Compartilhar:* Aproveite a oportunidade para celebrar também o "segundo nascimento" daqueles que estão presentes. Alguns podem compartilhar seus testemunhos de conversão. Meditem no texto de João 3.1-21 — Nicodemos e o novo nascimento.

48 Festa da piscina

- *Preparativos:* A programação pode durar o dia todo ou uma tarde. Dependendo da duração, planeje um piquenique, competições ao ar livre e na piscina, brincadeiras diversas.
- *Evento:* Varie as atividades, alternando brincadeiras, competições esportivas e "tempo livre".

Brincadeiras na piscina

- Divida o grupo em times e providencie uma vela e uma caixa de palitos de fósforo para cada um deles. O desafio consiste

Programas sociais | 73

em levar a vela acesa de um lado para o outro da piscina. A vela deve permanecer acesa durante todo o percurso e, caso se apague, é necessário acendê-la novamente antes de prosseguir. Cada time pode ter até três pessoas dentro da piscina durante a brincadeira.

- Consiga uma canoa ou barco de inflar. Duas pessoas devem ocupá-lo, uma em cada extremidade, e remar com as mãos em direções opostas. Vence quem levar a melhor!
- Amarre uma corda dividindo a piscina ao meio. Coloque muitas bolas de plástico na água, em igual número de ambos os lados. Cada time fica de um lado da piscina e procura jogar as bolas para o campo adversário. Dado um sinal, todos param onde estão e vence o time que estiver com menos bolas no seu campo.
- Os times devem conduzir de um lado para o outro da piscina uma bola ou outro objeto que flutue, empurrando só com a cabeça. É proibido encostar outra parte do corpo na bola. A brincadeira segue o esquema de revezamento e vence o time que terminar no menor tempo.

- *Variação:* Para a refeição, planeje uma "caça ao piquenique". Esconda os elementos da refeição em locais próximos à piscina e forneça pistas para encontrá-los.

49 Festa tropical

- *Preparativos:* O local deve receber decoração de acordo com o tema, utilizando-se papel crepom, plantas, fotos (agências de turismo podem fornecer bom material). Avise os participantes para se vestirem com roupas floridas e usarem colares típicos.
- *Evento:* Dirija brincadeiras e sirva uma refeição incluindo muitas saladas e frutas tropicais.

- *Compartilhar:* Simule um naufrágio numa ilha tropical. Todos devem deixar o navio e carregar consigo somente três itens. Quais escolheriam? Conversem sobre o valor das prioridades adequadas — Mateus 6.33; Marcos 8.35-37.

50 Coroação

- *Preparativos:* Confeccione uma coroa e um cetro usando cartolina e consiga um pedaço de tecido que possa servir de manto.
- *Evento:* Durante a reunião, cada integrante do grupo tem a oportunidade de ser tanto rei/rainha, como também escravo. O objetivo é que todos aprendam a servir e a serem servidos. Um por vez, os participantes sentam-se no trono (uma poltrona devidamente decorada) e recebem a coroa, o cetro e o manto real. O rei ou rainha que está no trono sorteia o nome de um escravo e lhe dá uma tarefa que possa cumprir em no máximo uma hora de trabalho, durante a reunião ou no decorrer da semana seguinte (pode ser uma tarefa em benefício pessoal do "rei", do grupo, da igreja etc.). Cada servo deve também servir a refeição do seu rei naquela noite.
- *Compartilhar:* A amizade cristã coloca-nos em posição de servir e também de ser servidos — Filipenses 2.4; 1Pedro 4.10. Podemos destacar:
  - Dois impedimentos — o orgulho e o egoísmo, e
  - Duas virtudes — a gratidão por ser servido e a prontidão em servir.

51 É bom ser criança

- *Preparativos:* Planeje tudo com antecedência de forma que os participantes possam vir vestidos a caráter. Cada um deve trazer fotos de quando era criança e, se possível, um brinquedo ou objeto de estimação (boneca, ursinho etc.). Decore o local com bolas de ar e enfeites usados em festas infantis. As atividades podem incluir brincadeiras e uma sessão de desenhos animados.

- *Evento:* Ao som de música infantil, dirija as brincadeiras e dê balas como prêmio.

Brincadeiras sugeridas

Misture as fotos que os participantes trouxeram após colocar o nome da pessoa no verso; desafie o grupo a adivinhar a quem pertencem. O mesmo pode ser feito com os brinquedos de estimação.

Prepare algumas mamadeiras com leite morno e verifique quem consegue tomar uma mamadeira no menor tempo.

Providencie uma boneca com várias roupinhas, sapatinhos etc. e faça uma competição entre as moças para ver quem consegue vestir a boneca no menor tempo.

Divida o grupo em dois times. Providencie para cada um deles um carrinho de mão enfeitado como se fosse carrinho de bebê. Em esquema de revezamento, os rapazes devem transportar as moças até um lugar determinado. Vence o time que completar a atividade em menor tempo.

- *Compartilhar:* O plano de Deus é que não permaneçamos crianças na vida cristã, mas que cresçamos à imagem do Senhor Jesus. Esse crescimento se evidencia no conhecimento da Palavra (1Pe 2.2), no serviço (Ef 4.13-16) e no amor (1Co 13.11-13).

52 Noite dos namorados

- *Preparativos:* Elabore um jantar especial, à luz de velas. Dê particular atenção à decoração do local e da mesa, e providencie para que a reunião aconteça ao som de música romântica. Planeje números musicais especiais, esquetes e brincadeiras.

76 | 101 ideias criativas para grupos pequenos

- *Evento:* Antes e após o jantar dirija algumas brincadeiras e competições. Entregue prêmios aos destaques da noite: o casal mais elegante, a declaração de amor mais enfática, o casal mais parecido e o mais diferente (avalie altura, cor de cabelos, porte, origem etc.).

Brincadeiras sugeridas

- *Bingo dos namorados:* Prepare um quadro conforme o modelo abaixo e distribua uma cópia por casal. Dado um sinal, o alvo de cada casal participante é entrevistar os demais colhendo suas assinaturas, de forma a ser o primeiro a preencher com assinaturas cinco quadrados alinhados em qualquer direção. Cada casal pode assinar somente um quadrado por folha.

Nunca comeram pizza juntos	Nasceram no mesmo mês	Começaram a namorar há duas semanas	Ela já preparou um jantar para ele	O primeiro encontro aconteceu fora do Brasil
Vão se casar em janeiro	Ambos estão namorando pela primeira vez	Ficaram noivos no dia de Natal	Ambos conhecem uma língua estrangeira (a mesma)	Brincaram juntos quando eram crianças
Já adquiriram um apartamento para morar	Ela costuma chorar quando vê filmes românticos	ASSINEM AQUI OS SEUS NOMES	Ela é mais velha do que ele	Ambos gostam de comer fígado
Ela nunca escreveu uma carta para ele	Ele ainda não conhece os pais dela	Ele levou flores para ela no dia dos namorados	O primeiro encontro aconteceu num retiro de carnaval	São colegas de classe de faculdade
Nasceram no mesmo dia do mês, mas em meses diferentes	O namoro dura há mais de três anos	O namoro teve início na praia	Ambos já visitaram uma tribo indígena	Ele é cinco anos mais velho do que ela ou mais

Quando preparar o material da brincadeira, inclua características próprias dos casais do seu grupo e que, de preferência, sejam
desconhecidas dos demais. Divulgue as respostas certas no final.

- *Teste de compatibilidade:* Escolha três casais e convide os rapazes a deixarem a sala. Enquanto isso, cada uma das moças
  deve responder perguntas sobre seu namorado ou sobre o
  namoro (por exemplo: Quando se viram pela primeira vez?
  Quando andaram de mãos dadas pela primeira vez? Qual o
  prato preferido dele?). Anotadas as respostas, os rapazes voltam e são entrevistados sobre as mesmas questões. O desafio
  é responder conforme as declarações das namoradas. Vence
  o casal que tiver o maior número de respostas compatíveis.

- *Compartilhar:* A superioridade do amor — 1Coríntios 13.
  - O amor é superior porque sem ele os dons são vazios
    (13.1-3)
  - O amor é superior porque é altruísta (13.4-7)
  - O amor é superior porque permanece para sempre (13.8-13).

53 Banquete romântico para os pais

- *Preparativos:* Promova um banquete romântico para os pais
  dos integrantes do seu grupo, como oportunidade de edificação para os pais e também de entrosamento entre pais e
  filhos. Os jovens devem confeccionar os convites, cuidar da
  decoração e da refeição, preparar e apresentar esquetes e
  números musicais.

- *Evento:* Os filhos devem recepcionar os pais e também servir a mesa. Durante a refeição são apresentados os números
  musicais e, logo após, os esquetes. A reunião pode incluir
  brincadeiras (ver a ideia "Noite dos namorados").

- *Compartilhar:* O relacionamento cristão entre pais e filhos implica algumas responsabilidades — Efésios 6.1-4.
  - Responsabilidades dos filhos para com os pais:
    1. Obedecer (6.1)
    2. Honrar (6.2)
  - Responsabilidades dos pais para com os filhos:
    1. Não provocar (6.4)
    2. Criar na disciplina do Senhor (6.4)
    3. Admoestar (6.4).

54 Vamos ao teatro

- *Preparativos:* Divida os participantes em grupos pequenos, com antecedência, e incentive-os a se preparar para apresentar uma peça ou esquete. Na semana anterior ao evento, verifique com os grupos o andamento dos ensaios, o título e a duração de cada apresentação. Elabore um programa, indicando a sequência das apresentações, e verifique que os grupos consigam obter os cenários e figurinos necessários. O grupo pode decidir se deseja estender o convite a outras pessoas (amigos, pais etc.) ou se prefere uma programação íntima.
- *Evento:* Cada grupo deve fazer a sua apresentação. Uma comissão pode avaliar a mais original, a mais divertida, a melhor encenação, a revelação da noite (alguém cujo talento teatral era inesperado).
- *Compartilhar:* Nossa vida cristã algumas vezes corre o risco de se tornar uma encenação — Tiago 2.18-26.

55 Venha como está

- *Preparativos:* Só os líderes devem conhecer com antecedência a data desta atividade. O grupo pode estar avisado de que ela deverá ocorrer durante o mês, ou talvez o semestre, mas sem conhecer a data.

- *Evento:* Na noite (ou tarde) certa, percorra as casas dos integrantes do seu grupo e reúna-os. Cada um deve sair exatamente como está. As atividades do encontro podem ser variadas: um filme, brincadeiras, uma tarde esportiva, um passeio ou outra atividade informal.

- *Variação:* Entregue com antecedência um convite especial para a atividade, estipulando que cada um compareça conforme estiver vestido no momento em que o recebeu. Para ter uma boa variedade de trajes, entregue os convites em horários variados e durante atividades as mais diferentes.

- *Compartilhar:* Devemos estar sempre vigilantes, aguardando pela volta do Senhor Jesus — Lucas 12.35-48.

56 Destino desconhecido

- *Preparativos:* Estabeleça o horário e o local onde os integrantes do grupo devem se encontrar. Avise com antecedência que sairão juntos para um destino que só você conhece, e que todos devem vir prontos para qualquer tipo de atividade. Se necessário, dê instruções quanto ao traje. Recomende a pontualidade, pois os retardatários não terão como alcançar o grupo.

- *Evento:* Reunido o grupo, saia em direção ao "destino desconhecido", procurando fazer um caminho diferente daquele que normalmente fariam para chegar ao local. Procure despistar o melhor possível seu destino, de forma a surpreender o grupo. Algumas sugestões de "destinos desconhecidos": sorveteria, *shopping center*, jardim zoológico, escalar uma montanha etc.

- *Compartilhar:* O céu é o nosso "destino desconhecido" preparado por Deus — João 14.1-6.

57 Encontro secreto

- *Preparativos:* Construa uma situação em que todos devem imaginar que seu país foi tomado por um governo que proíbe a adoração a Deus. Reuniões cristãs são consideradas crime passível de morte ou tortura. Bíblias, literatura religiosa e hinários foram todos confiscados. Pastores e líderes estão presos. O grupo deve então planejar um encontro secreto, semelhante aos da igreja primitiva. É interessante marcar a reunião em horário que requeira algum esforço para estar presente — de preferência, na madrugada. A reunião não pode ser na igreja, porque as igrejas foram fechadas. Todos devem ir de roupas escuras e não podem chegar em grupos grandes para não levantar suspeita dos vizinhos e das autoridades.
- *Evento:* O encontro consiste de oração e de um período de louvor e compartilhar, com cânticos suaves (para não despertar a atenção de estranhos), versículos bíblicos anteriormente memorizados, testemunhos e encorajamento mútuo. Um dos participantes faz a leitura de uma mensagem enviada pelo pastor que está na prisão. O grupo deve estar sentado em círculo, usando somente algumas velas para a iluminação do local. À saída, os participantes devem se dispersar rapidamente, mantendo a atmosfera criada. O evento não deve ser realizado como um jogo, mas como oportunidade para vivenciar uma nova apreciação da liberdade que gozamos em nosso país.
- *Compartilhar:* Devemos nos lembrar daqueles que sofrem perseguição religiosa, como se presos com eles — Hebreus 13.3.

58 Vigília de oração

- *Preparativos:* Planeje uma "festa" de oração com duração de uma noite.

- *Evento:* Faça da vigília de oração uma reunião dinâmica, incluindo períodos de oração individual, em grupos pequenos e maiores. Intercale os períodos de oração com cânticos, testemunhos e também um lanche. Varie muito: na postura, nos tipos de oração (agradecimento, petição, frases curtas etc.) e nos locais. Pode incluir uma "caminhada com Deus", orando em pequenos grupos enquanto andam pelo jardim, ao redor da casa.

VIGÍLIA DE ORAÇÃO

22:00 Louvor cantado

22:30 Testemunhos

22:45 Oração em duplas (pedidos pessoais)

23:15 Oração em grupos grandes (ajoelhados — intercessão pelo grupo)

23:45 Oração individual (intercessão pelos líderes)

24:00 Lanche

1:00 Louvor cantado

1:15 Testemunhos

1:30 Oração em grupos de quatro (mãos dadas — intercessão pela igreja)

2:00 "Caminhada de oração"

3:00 Cafezinho

3:30 Louvor cantado

3:45 Testemunhos

4:00 Rodízio de oração (deixar diferentes pedidos de oração nas várias salas e dividir os participantes em grupos pequenos que devem percorrer todas as salas, permanecendo 10 minutos em cada)

5:15 Louvor

5:30 Café da manhã

6:00 Todos para casa!

- *Variação:* Os períodos de testemunho podem ser substituídos por um breve estudo sobre a vida de oração e dependência de Deus de alguns dos homens do Antigo Testamento, como Neemias (Ne 1.4,11; 2.4; 4.9), Asa (2Cr 14.6–15.2), Ezequias (2Rs 19.8-19; 20.1ss).

59 As festas de Israel

- *Preparativos:* Com o auxílio de um dicionário bíblico ou de uma enciclopédia, pesquise a história e a prática de várias festas do povo de Israel. Escolha datas oportunas para reproduzi-las com seu grupo, mostrando o significado daquela comemoração para o povo da época e a sua relevância para nós hoje. Procure, na medida do possível, conseguir os alimentos típicos e encenar o ambiente da época.

Nome hebraico	Nome atual	Comemoração	Referência bíblica	Calend. judaico	Calend. ociden.
Pesach	Páscoa (Pães asmos e primícias)	Livramento da escravidão do Egito	Lv 23.4-14 Êx 12	14 *Nisan*	março/ abril
Shavouth	Pentecostes	Colheitas	Lv 23.15-22 Dt 16.9-12	6 *Sivan*	maio/ junho
Succoth	Festa dos tabernáculos	Peregrinação no deserto	Lv 23.33-43 Dt 16.13-15	15 a 21 *Tishri*	setem./ outubro
Yom Terua	Dia das trombetas	Convocação santa	Lv 23.24,25 Nm 29.1	1 *Tishri*	setem./ outubro
Yom Kippur	Dia da expiação	Expiação pelo pecado/anual	Lv 23.26-32	10 *Tishri*	setem./ outubro
Purim	Sortes	Livramento das intrigas de Hamã	Ester 9	13 e 14 *Adar*	fever./ março
Chanukah	Dedicação	Restauração do templo em 164 a.C.	Jo 10.22	25 *Kislev*	novem./ dez.

Programas sociais | 83

60 Noite das recordações

No último encontro do ano, o grupo pode celebrar as vitórias obtidas, recordar as lições aprendidas e os bons momentos de comunhão. Projete as fotos e aproveite para relembrar as programações realizadas. Peça a cada pessoa para que diga, em sua opinião, qual foi o melhor momento do grupo e o porquê de sua escolha. Pergunte a cada um o que ficou particularmente marcado em sua vida através da convivência com o grupo durante aquele ano.

Olhem juntos para o próximo ano e estabeleçam alvos. Dê oportunidade também para que compartilhem alvos pessoais.

- *Compartilhar:* No final do encontro, reúna os participantes em círculo, meditem sobre o texto de Filipenses 3.13,14 e distribua pequenas velas apagadas. Segure uma vela acesa em suas mãos e acenda a vela de quem está à sua direita, enquanto compartilha com ele uma vitória alcançada no ano que está terminando e um propósito pessoal para o próximo ano. Cada participante deve fazer o mesmo até que todas as velas estejam acesas. Apague então as luzes, deixando somente as velas acesas, e dirija um tempo de oração silenciosa em que cada pessoa deve orar por aquela que está ao seu lado. Conclua com uma oração.

Suas ideias...

84 | 101 ideias criativas para grupos pequenos

Parte 3

Brincadeiras

Muitas vezes, um encontro "frio" precisa somente de uma pequena faísca para torná-lo dinâmico e "quente". Esta faísca pode ser uma brincadeira, dirigida logo no início da reunião. Ou talvez você queira dinamizar o final do encontro com algumas das atividades apresentadas aqui. Sugerimos que seus retiros e acampamentos também sejam "aquecidos" com brincadeiras e competições.

Alguns princípios básicos devem ser lembrados quando dirigimos uma brincadeira:

- A competição entre times, com prêmios simples para os vencedores (balas, direito de servir-se em primeiro lugar da refeição etc.), cria um ambiente mais dinâmico que a competição individual;
- A competição nunca deve assumir importância tal que estrague a comunhão entre os participantes. Quando perceber que os integrantes do grupo estão levando a brincadeira muito a sério, é hora de encerrar, mudar os times e "acalmar"

88 | 101 ideias criativas para grupos pequenos

a tempestade. Esta é uma boa oportunidade para ensinar princípios bíblicos de vitória e derrota, contentamento e consideração mútua (Fp 2.3,4; Rm 12.10);

- A divisão em times pode ser feita de várias maneiras — rapazes x moças, por números (distribuir números 1-2-1-2-1-2), pela data do aniversário (janeiro-junho x julho-dezembro) etc;
- Dar nomes aos times ajuda a "personalizá-los" e criar maior motivação;
- Esteja bem preparado, conhecendo a brincadeira que deseja dirigir e providenciando com antecedência o material necessário;
- Procure envolver todos os integrantes do grupo nas brincadeiras. Uma ou duas pessoas indispostas podem contagiar as demais. Um dos melhores remédios contra esta "doença" é a sua própria participação nas atividades;
- Tome cuidado para dividir os times de maneira justa, sendo sempre sensível às pessoas menos hábeis, marginalizadas etc. e tentando entrosá-las com o resto do grupo.

Dividimos as brincadeiras em quatro tipos principais: brincadeiras para grupos pequenos e grandes, brincadeiras de atenção e revezamentos.

Quando falamos em grupos pequenos, pensamos naqueles de no máximo vinte pessoas. Algumas das ideias que reunimos aqui funcionam independentemente do tamanho do grupo, mas as classificamos na categoria em que talvez possam dar os melhores resultados.

As brincadeiras de atenção são aquelas que envolvem algum desafio mental e que precisam ser "decifradas" por quem não as conhece. Crie suspense ao dirigi-las e não revele logo o segredo. Conduza o grupo de modo que todos desfrutem da descoberta; quando for repeti-las, evite que aqueles que já conhecem o segredo estraguem a brincadeira e ajude os que encontram maior dificuldade. A maioria delas funciona bem em lugares onde não se dispõe de espaço suficiente para dirigir brincadeiras e revezamentos. São úteis para o equilíbrio das atividades do grupo, pois valorizam as pessoas que pensam, enquanto as outras brincadeiras tendem a favorecer os atletas. Sugerimos que o seu grupo intercale ideias que exigem muita atividade com outras mais calmas, que exigem reflexão.

E, finalmente, os revezamentos oferecem oportunidade de competição entre times. A maioria exige uma sala ampla e alguns devem ser realizados ao ar livre. São atividades especialmente apropriadas para retiros e acampamentos.

Não fique desanimado se o grupo não corresponder imediatamente ao espírito da brincadeira. Prossiga, pois o seu entusiasmo irá contagiar os outros!

Brincadeiras para grupos pequenos

61 Desenho de ouvido

- **Material necessário:** Quatro cadeiras, objetos variados, folhas de papel e lápis.
- **Procedimento:** Divida o grupo em times. Duas pessoas de cada time sentam-se uma de costas para a outra, sendo que uma delas deve ter em mãos um objeto, e a outra, lápis e papel. A primeira descreve o objeto, enquanto a segunda o desenha dentro de um tempo determinado. Prossiga até que todos tenham participado e que os dois times tenham desenhado os mesmos objetos. No final, uma comissão deve avaliar os resultados.

62 Vaso de algodão

- *Material necessário:* Bolas de algodão, duas vendas, quatro tigelas e duas colheres.
- *Procedimento:* Divida o grupo em dois times. Cada time deve escolher um representante, que recebe uma venda nos olhos e vai tentar esvaziar uma tigela cheia de bolas de algodão, transportando-as para uma tigela ao lado. Esta pessoa deve utilizar uma colher, e os integrantes do seu time podem orientá-la, se necessário, para que nenhuma bola de algodão se perca. Vence o time cujo representante terminar a operação no menor tempo.
- *Variação:* Numa segunda vez, proceda conforme descrito acima, mas retire as bolas de algodão da tigela depois que as pessoas escolhidas já estiverem vendadas. Será divertido observá-las enquanto tentam esvaziar o ar! Ajam de forma a fazê-las trabalhar por algum tempo antes que percebam a brincadeira.

63 Coitado!

- *Material necessário:* Grãos de feijão, um copo para cada participante.
- *Procedimento:* Cada participante recebe um copo com cinco ou mais grãos de feijão. Determine por sorteio a pessoa que deve dar início à brincadeira. Ela vai mencionar algo que NUNCA fez, mas que acredita que quase todos os demais já tenham feito (p. ex., "Eu nunca fui reprovado numa prova."). Cada pessoa que já passou por aquela experiência deve tirar um grão de feijão do seu copo. A brincadeira prossegue até que uma só pessoa ainda tenha grãos de feijão. O "coitado" do grupo, que nunca teve a oportunidade de passar pelas experiências mencionadas, tem direito a um prêmio.

64 Futebol de pingue-pongue

- *Material necessário:* Bolinha de pingue-pongue, mesa retangular.
- *Procedimento:* Cada time fica de um lado da mesa. A bola de pingue-pongue é colocada no meio da mesa e os times procuram fazer gols soprando-a para que atinja a extremidade do campo adversário. É proibido tocar a bola com as mãos.

65 O último riso

Escolha por sorteio a pessoa que deve dar início à brincadeira. Ela vai provocar os demais participantes para que comecem a rir, mas sem tocá-los. Cada pessoa que começar a rir deve passar a provocar as demais, até que todos estejam rindo. A última pessoa que resistir recebe um prêmio.

66 Corrente elétrica

Os participantes reúnem-se em círculo, de mãos dadas, e uma pessoa fica no centro do círculo. Uma "corrente elétrica" é gerada por uma das duas "estações geradoras" previamente escolhidas – mas que não são do conhecimento de quem está no centro do círculo – e se transmite ao apertar a mão da pessoa à direita ou à esquerda. Quando recebida, a "corrente elétrica" deve ser transmitida imediatamente por todos os participantes, exceto pelas "geradoras", que podem segurá-la por alguns instantes antes de passá-la adiante. A pessoa que está no centro do círculo tenta adivinhar onde está a "corrente elétrica". Quem for pego com a eletricidade vai para o centro do círculo e a brincadeira começa novamente, com a escolha de novas "estações geradoras".

67 Datas marcadas

- *Material necessário:* Sacolas de plástico e cópias do material preparado.
- *Procedimento:* Prepare uma relação de datas semelhante ao modelo e entregue uma cópia para cada time. Inclua maior ou menor quantidade de datas dependendo do tempo disponível para a atividade.

DATAS MARCADAS

2015 _____
2014 _____
2013 _____
2012 _____
2011 _____
2010 _____
2009 _____
2008 _____
2007 _____
2006 _____
2005 _____
2004 _____
2003 _____
2002 _____
2001 _____
2000 _____
1999 _____
1998 _____
1997 _____
1996 _____
1995 _____

Os times devem coletar objetos que tenham essas datas marcadas, como, por exemplo, revistas, moedas, documentos diversos, produtos com data de fabricação. Só é considerado um objeto por data, e um mesmo tipo de objeto não pode ser repetido para mais de uma data. Vence o time que juntar o maior número de objetos.

68 Bolo de azar

- *Material necessário:* Bolo simples, chapéu, luvas, dado, garfo e faca.
- *Procedimento:* Os jogadores dispõem-se de pé ao redor da mesa onde está o bolo e lançam sucessivamente o dado. Quem tirar "6" deve colocar o chapéu, vestir as luvas e começar a comer o bolo com garfo e faca, enquanto os demais continuam a lançar o dado. Se alguém mais conseguir o "6", ganha o direito de comer o bolo, e a pessoa que estiver comendo naquele momento imediatamente lhe entrega a faca, o garfo, o chapéu e as luvas. É necessário sempre colocar o chapéu e vestir as luvas antes de começar a comer o bolo. Prossiga a brincadeira enquanto houver bolo e muita disposição para comer!

69 Coitadinho do gatinho

Todos os participantes devem estar sentados, formando um círculo. Uma pessoa é escolhida para fazer o papel de gatinho. Imitando o bichinho, ela deve se aproximar de outra pessoa e provocá-la para que dê risada. A pessoa, porém, deve ficar séria e fazer carinho na cabeça do gato, dizendo: "Coitadinho do gatinho!" O gatinho vai então provocar outro participante e tentar alcançar o seu alvo. O primeiro a rir passa a ser o gatinho.

94 | 101 ideias criativas para grupos pequenos

70 Caça aos versículos

- *Material necessário:* Sacolas de plástico e pelo menos uma Bíblia para cada time.
- *Procedimento:* Esta atividade combina diversão com conhecimento bíblico. Divida o grupo em times e entregue a cada um deles uma ou mais sacolas e uma Bíblia. Os times devem reunir objetos que são mencionados na Bíblia, como, por exemplo, uma pedra, um pedaço de pão etc. Cada item deve vir acompanhado do respectivo versículo bíblico. Vence o time que juntar o maior número de objetos.

Brincadeiras para grupos maiores

71 Estoura balão

- *Material necessário:* Bexigas e um rolo de barbante.
- *Procedimento:* Encha as bexigas e amarre-as nos tornozelos dos participantes. Dado um sinal, o alvo de cada pessoa é estourar as bexigas das demais e sobreviver com as suas. Não é permitido usar as mãos nem empurrar uns aos outros. Verifique que todos estejam ativamente procurando estourar bexigas e não só empenhados em se defender; quem passar determinado tempo sem estourar uma bexiga deve ser eliminado. Vence a última pessoa que conseguir salvar pelo menos uma de suas bexigas.

72 Pisca-pisca

- *Material necessário:* Cadeiras dispostas em círculo (para metade dos participantes mais um).
- *Procedimento:* Os rapazes ficam de pé, atrás das cadeiras onde as moças estão sentadas, e uma cadeira deve ficar

vazia. O rapaz que está atrás da cadeira vazia vai piscar para uma moça. Esta imediatamente tenta escapar de quem está de pé atrás dela, sem ser tocada, para se dirigir à cadeira vazia. Se o companheiro conseguir tocá-la, ela não pode sair, e o rapaz da cadeira vazia chama outra moça. Depois, rapazes e moças podem inverter sua posição.

73 Guerrilha

- **Material necessário:** Campo demarcado e duas bandeiras.

- **Procedimento:** Os dois times posicionam-se em seus respectivos campos, "guardando" suas bandeiras. Dado um sinal, os times se espalham, tentam pegar a bandeira do inimigo e voltar com ela para o seu campo. Qualquer pessoa que for tocada por um inimigo enquanto estiver fora do seu campo torna-se prisioneira do inimigo. Os presos podem ser liberados se tocados por alguém de seu próprio time. Guardas podem proteger a bandeira e a prisão. O time que conseguir roubar a bandeira do inimigo e chegar com ela ao seu campo é o vencedor. Esteja atento durante a brincadeira e estabeleça limites para que ninguém se machuque.

74 Fogo na montanha

Os participantes devem formar dois círculos com número igual de pessoas, um ao redor do outro e ambos voltados para o centro, onde está o "guarda florestal". Quando ele gritar: "Fogo na montanha! Corram homens, corram!", as pessoas do círculo externo começam a correr mantendo-se em círculo, enquanto as demais batem palmas. Quando o "guarda florestal" parar de bater palmas, ele vai se unir ao círculo interno e juntos vão levantar as mãos em sinal de que as pessoas que estão correndo devem parar, entrar no círculo e ficar na frente de alguém, formando um novo círculo interno. À medida que o círculo interno vai se completando, as pessoas do círculo externo vão abaixando suas mãos. Quem ficar sem parceiro vai para o centro e torna-se o novo "guarda florestal".

75 Cobra venenosa

- *Material necessário:* Galhos de árvores, latas ou outros objetos amontoados.
- *Procedimento:* Os participantes formam um círculo ao redor dos objetos que representam a "cobra venenosa", seguram-se pelas mãos e tentam puxar ou empurrar uns aos outros em direção aos objetos. Se alguém pisar na "cobra venenosa" ou cair, deve deixar a brincadeira. Também estão desqualificados os participantes que soltarem as mãos. O último a ficar é o vencedor.

76 Gato mia

Estabeleça limites na sala e escolha um integrante do grupo para ser vendado. Esta pessoa deve andar pela sala, tocar em alguém e pedir: "Gato mia! Quem é você?" O gato deve responder com "miau" e a pessoa vendada vai tentar então identificá-lo. Se acertar, o "gato" passa a ser o pegador.

77 Esquilos nas árvores

Escolha duas pessoas – o "esquilo sem árvore" e o "cachorrão" – e oriente as demais para formarem grupos de quatro. Três pessoas de cada grupo devem dar as mãos formando um círculo que vai abrigar a quarta pessoa – o "esquilo" na "árvore". Dado um sinal, o cachorrão tenta pegar o esquilo sem árvore, que então corre em busca de proteção. Quando ele entra numa árvore, o esquilo que está ali deve sair e correr para outra. Se o cachorrão pegar algum esquilo sem árvore, aquele esquilo passa a ser o cachorrão.

78 Coral afinado

- *Material necessário:* Papel e lápis.
- *Procedimento:* Divida o grupo em times. Cada time deve escolher uma pessoa que vai receber um bilhete com o nome de uma música (pode ser um cântico, hino, canção popular, canção infantil etc.), igual para todos. Imediatamente ela deve começar a desenhar algo que leve as demais a identificarem a música. Não é permitido escrever, falar ou fazer sinais. Assim que os integrantes de um time julgarem ter descoberto de que música se trata, devem começar a cantar. O primeiro time que cantar a música certa é o vencedor.

79 Gato e rato

O grupo forma um labirinto de fileiras e colunas. Um "gato" vai passear pelo labirinto à caça de um "rato". Quando a brincadeira tem início, todos estão de mãos dadas no sentido de fileiras ou de colunas. O rato ameaçado de ser pego pelo gato pode gritar "muda!", e as fileiras mudam para colunas ou as colunas para fileiras.

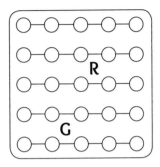 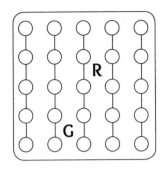

Para movimentar a brincadeira, de tempo em tempo o líder também pode ordenar a mudança de fileiras para colunas ou vice-versa. Quando o gato for pego, escolhem-se novas pessoas para os papéis de gato e rato.

80 Palavras cruzadas

- *Material necessário:* Cartões com letras do alfabeto. Prepare um jogo idêntico de letras para cada time, com número maior de cartões para as letras usadas com maior frequência.
- *Procedimento:* Divida o grupo em times com número igual de participantes (12 a 24 pessoas em cada time). Entregue a cada time um jogo de cartões com letras. Dado um sinal, os times tentam formar palavras cruzadas, usando o maior número possível de pessoas, cada uma com uma letra. Oriente os times no sentido de que cada um escolha um líder para coordenar o trabalho dos demais participantes. Sugere-se que o time trabalhe sentado no chão, com os participantes dispostos em fileiras e colunas. Dê prêmios para o time que usar o maior número de letras, formar a palavra mais comprida ou tiver o maior número de palavras.

Revezamentos

81 Corrida de feijão

- *Material necessário:* Copos, grãos de feijão e canudos para refrigerante.
- *Procedimento:* Coloque no chão dois copos por time, um em cada extremidade da sala. Em uma das extremidades, os copos devem estar cheios de grãos de feijão (verifique que o número de grãos seja igual para todos os times). O primeiro participante de cada time pega um canudo, corre até o copo que contém os grãos de feijão, aspira um grão no canudo e volta com ele até o copo vazio, onde deve depositá-lo. A segunda pessoa só pode partir quando o grão de feijão trazido por quem a precedeu estiver no copo. O primeiro time que transferir todos os grãos de um copo para o outro é o vencedor.

82 Corrida do leque

- *Material necessário:* Leques, bolinhas de pingue-pongue e um campo demarcado.

- *Procedimento:* Os participantes ficam atrás da linha de saída. Entregue a cada time uma bolinha de pingue-pongue e um leque. Dado um sinal, o primeiro participante de cada time deve partir e abanar a bolinha com o leque, tentando levá-la até o gol. Não pode tocar a bolinha com as mãos, porém deve estar atento para protegê-la porque é permitido abanar a bolinha do adversário para dificultar o seu percurso. Feito o gol, a pessoa volta correndo com a bolinha nas mãos e entrega ao próximo participante, que vai repetir a operação. O primeiro time que fizer 10 gols (ou outro número estipulado de acordo com o número de participantes) é o vencedor.

83 Busca e leva

Os times devem formar filas numa das extremidades da sala. Os primeiros dois jogadores de cada time correm de mãos dadas até a extremidade oposta. Um fica ali, enquanto o outro volta correndo à fila do time para buscar o próximo. Os dois correm de mãos dadas até a linha de chegada, onde um fica e o outro volta correndo para buscar mais alguém. O primeiro time que transferir todos os seus integrantes para a outra extremidade da sala é o vencedor.

84 Passeio de vassoura

- **Material necessário:** Uma vassoura e uma cadeira para cada time.
- **Procedimento:** Duas pessoas de cada time pegam a vassoura e colocam-na entre as pernas, como se estivessem montadas num cavalo, uma de frente para a outra. Devem andar juntas até a outra extremidade da sala, dar a volta ao redor de uma cadeira e retornar à fila. A vassoura passa para a segunda dupla, que deve repetir a mesma operação. Vence o time que completar o revezamento em menor tempo.
- **Variação:** Pode-se colocar obstáculos ao longo do percurso. A dupla deverá superá-los sem sair da vassoura.

85 Corrente humana

- **Material necessário:** Uma cadeira para cada time.
- **Procedimento:** Os times posicionam-se formando filas paralelas, a 10 metros de distância das cadeiras. Dado um sinal, a

primeira pessoa de cada time sai correndo, dá uma volta ao redor da cadeira e retorna à fila para pegar o próximo participante. Os dois correm de mãos dadas, passam ao redor da cadeira e voltam para buscar a terceira pessoa da fila. A atividade prossegue até que todos estejam de mãos dadas e o time inteiro dê a volta ao redor da cadeira. Se durante a brincadeira alguém da corrente soltar as mãos, o time deve voltar à posição inicial e recomeçar a corrida. O vencedor é o primeiro time que completar a corrente humana e voltar ao ponto de partida.

86 Corrida de bombeiro

- *Material necessário:* Dois conjuntos de roupas grandes (cada um deve vesti-las por cima de suas próprias roupas) e divertidas, de preferência com vários botões, cintos, zíperes e cordões para amarrar.
- *Procedimento:* Coloque as roupas em cadeiras, numa das extremidades da sala. Deve haver um conjunto igual de roupas para cada time; caso não seja possível, consiga roupas que tenham número igual de botões, zíperes etc., para que um dos times não fique em desvantagem. Dado um sinal, o primeiro participante de cada time corre até as roupas, veste-se inteiramente (verifique que ele não deixe de lado nenhum botão, zíper etc.) e em seguida tira a fantasia e volta. Quando ele retorna à fila, o seguinte pode partir e repetir a operação. Vence o time que completar o revezamento em menor tempo.

87 Feijão na mão

- *Material necessário:* Tigelas e sacos de grãos de feijão.
- *Procedimento:* Numa das extremidades da sala coloque um saco de feijão para cada time. Na outra, devem ficar os

101 ideias criativas para grupos pequenos

participantes e as tigelas – uma diante de cada fila. Um por vez, os participantes devem correr até o saco de feijão do seu time, pegar o máximo de grãos que puderem segurar nas costas das mãos e caminhar de volta até a tigela, onde vão depositar os grãos que sobrarem em suas mãos. Estabeleça um limite de tempo para a brincadeira e verifique que todos os integrantes do time tenham igual oportunidade de participação. No final, conte os grãos que há em cada tigela para descobrir o vencedor.

88 Carrinho de mão

- *Material necessário:* Bolinhas de pingue-pongue.
- *Procedimento:* Os times se dividem em duplas, que devem formar "carrinhos de mão" – uma pessoa segura as pernas da outra, que então sai engatinhando. Os "carrinhos de mão" vão conduzir uma bolinha de pingue-pongue, pelo sopro, até um ponto preestabelecido e voltar. Na volta, os dois participantes podem inverter as suas posições. A dupla seguinte deve repetir a operação até que todos os integrantes do time tenham participado. Não é permitido tocar na bolinha.

89 Por cima e por baixo

- *Material necessário:* Bolas.
- *Procedimento:* Os times formam filas e a primeira pessoa de cada fila recebe uma bola. Dado um sinal, ela deve passar a bola para a pessoa de trás, por cima da cabeça. A segunda pessoa passa a bola para trás por baixo das pernas. A bola deve continuar a passar alternadamente por cima e por baixo até chegar à última pessoa da fila. Esta recebe a bola, corre para a frente da fila e dá início novamente à operação. A atividade prossegue até que todos tenham mudado de posição

na fila e o time esteja de novo na ordem em que começou – a pessoa que pegou a bola pela primeira vez deve estar com ela nas mãos, voltar ao início da fila e entregá-la ao juiz. Vence o time que terminar no menor tempo.

90 Assobio

- *Material necessário:* Um pacote de biscoitos para cada time.
- *Procedimento:* Os times devem formar filas numa das extremidades da sala, e os biscoitos devem ficar na extremidade oposta. Dado um sinal, o primeiro participante de cada time corre até o pacote de biscoitos, come um e começa a assobiar uma música previamente escolhida pelos times. Pode ser uma música breve e cada participante pode assobiá-la tão rápido quanto conseguir, mas deve ser uma música completa e conhecida por todos. Quando terminar, a pessoa volta à fila e a seguinte pode partir. Prossiga até que todos tenham participado. Vence o time que completar no menor tempo.

Brincadeiras de atenção

91 Dicionário

- *Material necessário:* Dicionário, folhas de papel, canetas.
- *Procedimento:* Um dos participantes seleciona no dicionário uma palavra pouco conhecida, lê esta palavra em voz alta e copia a sua definição, enquanto os demais participantes redigem a sua própria definição e assinam embaixo. Recolha os papéis e leia em voz alta todas as definições, inclusive aquela que foi copiada do dicionário, porém sem identificá-las. Cada participante vota na definição que julga correta. Anote os votos e então atribua pontos da seguinte forma:

- um ponto ao autor da definição para cada voto que ela recebe, estando certa ou não;
- um ponto para cada pessoa que escrever uma definição certa;
- um ponto para cada pessoa que votar numa definição certa;
- um ponto para a pessoa que escolheu a palavra no dicionário para cada um dos votos em definições erradas.

Vence quem juntar o maior número de pontos no final da brincadeira.

92 Memória

- **Material necessário:** 20 a 30 objetos pequenos, papel e canetas.
- **Procedimento:** Disponha os objetos numa bandeja e permita que todos os vejam durante 30 segundos. Cubra a bandeja, cante uma música com o grupo e então distribua papel e canetas, pedindo aos participantes para alistarem os objetos que estão na bandeja. O vencedor será aquele que conseguir alistar o maior número de itens corretos.
- **Variação (para grupos pequenos):** Coloque num saco plástico opaco objetos relacionados a um tema (p. ex., artigos para bebê). Informe aos participantes o número de objetos que há no saco e o tema. Permita que segurem o saco, sem abri-lo. Em seguida, distribua papel e canetas e peça-lhes que alistem os itens que imaginam estar naquele saco. Vence quem tiver o maior número de acertos.

93 Uma questão de polegar

Uma pessoa do grupo deixa a sala enquanto seu companheiro e os demais participantes escolhem um entre três objetos que estão no chão, lado a lado, no centro da roda. Voltando, a pessoa vai fingir que está estudando profundamente cada objeto para poder fazer a escolha certa. Na verdade, ela está procurando distrair o grupo enquanto observa a mão do seu companheiro, que está indicando o objeto certo através da posição dos dedos:

- o polegar direito cruzado sobre o esquerdo indica o objeto da direita;
- o polegar esquerdo cruzado sobre o direito indica o objeto da esquerda;
- os dois polegares unidos, lado a lado, indicam o objeto do centro.

94 Roubo de palavras

- **Material necessário:** Cartões com letras do alfabeto. Prepare maior número de cartões para as letras usadas com maior frequência.

- **Procedimento:** Embaralhe os cartões e coloque o monte sobre a mesa. O primeiro jogador deve virar um cartão e colocá-lo no centro da mesa. Os seguintes fazem o mesmo. Logo que algum jogador identificar uma palavra de três ou mais letras (ainda que não seja a vez de jogar), ele pode pegar aquelas letras, compor a palavra e colocá-la diante de si. Nas rodadas seguintes novos cartões são virados e os participantes devem continuar a formar palavras. É possível ainda roubar uma palavra já formada por outro jogador para com ela compor uma nova, acrescentando uma ou mais letras do centro da mesa. O jogo prossegue até se esgotarem os cartões. No final, atribua pontos conforme as palavras formadas:

    1 ponto para palavras de 3, 4 ou 5 letras,

    2 pontos para palavras de 6 letras,

    3 pontos para palavras de 7 letras e

    4 pontos para palavras de 8 ou mais letras.

95 O que está diferente?

- *Material necessário:* Papel e canetas.
- *Procedimento:* Permita que o grupo observe durante alguns minutos os móveis e objetos que estão na sala. Em seguida, todos devem sair e você vai mudar de lugar dez ou mais itens, alguns óbvios e outros não. Na volta, todos recebem papel e caneta e têm o prazo de dez minutos para escrever o que está diferente. Vence quem acertar o maior número de itens.

96 Nove livros

- *Material necessário:* Nove livros.
- *Procedimento:* Disponha os livros em três fileiras e três colunas. Uma pessoa deixa a sala enquanto seu companheiro e os demais integrantes do grupo escolhem um livro entre os nove. A pessoa que estava fora volta à sala, e seu companheiro aponta para um dos livros e pergunta: "É este?" O lugar em que está apontando ao fazer esta primeira pergunta é a senha, pois corresponde à localização do livro escolhido. Quando alguém do grupo julgar que já descobriu a senha, pode se candidatar a sair da sala e ser o próximo a tentar adivinhar qual livro os outros vão escolher.

97 Meu pai é um comerciante

O objetivo dos participantes é descobrir o que faz com que a sua afirmação seja verdadeira ou falsa. O grupo deve estar sentado em círculo. Dê início à brincadeira dirigindo-se para a pessoa à sua direita e dizendo-lhe: "Meu pai é um comerciante". A pessoa deve perguntar: "E o que ele vende?" Responda, por exemplo, "Objetos de madeira" e ao mesmo tempo toque em algo de madeira. A pessoa ao seu lado deve dar prosseguimento dirigindo-se a quem está à direita dela. Se ela observou bem o seu procedimento, irá tocar naquilo que seu pai vende. Caso falhe, você deve intervir, rindo: "Ah! Mas não é verdade!" Continue a comentar cada afirmação, identificando as falsas e as verdadeiras, até que alguém consiga descobrir qual o critério de avaliação.

98 Guerra dos sexos

- **Material necessário:** Pedaços de papel com os nomes dos participantes e cadeiras em número igual ao dos participantes acrescido de um.

- **Procedimento:** Rapazes e moças, em igual número, sentam alternadamente ao redor da sala. Dois rapazes e duas moças devem estar sentados no "trono" — um sofá ou quatro assentos especiais seguidos — e uma cadeira deve estar vazia. Misture e distribua os papéis com os nomes, sendo que cada pessoa passa a responder pelo nome que está no papel que recebeu. O alvo da brincadeira é conseguir que quatro pessoas do mesmo sexo sentem no "trono". A atividade tem início com a pessoa que está imediatamente à esquerda da cadeira vazia, chamando alguém a sua escolha para sentar-se ao seu lado. A pessoa que atende pelo nome chamado vai para a cadeira vazia e troca de papel com a pessoa que a chamou. Quem está à esquerda da cadeira vazia chama outro participante para ocupá-la, tentando tirar do "trono" alguém do sexo oposto para substituí-lo por uma pessoa do seu próprio sexo. A brincadeira chega ao fim quando quatro rapazes ou quatro moças estão no "trono".

99 Este é o meu nariz

Reúna o grupo em círculo. Dê início à brincadeira ficando no meio da roda, diante de um dos participantes, e apontando para uma parte do seu corpo enquanto menciona alguma outra. A pessoa a quem você se dirigiu vai ficar de pé e apontar em seu corpo para a parte que você mencionou, mas deve chamá-la pelo nome da parte que você apontou. Por exemplo, você pode dizer: "Este é o meu nariz" e apontar para o seu pé. A outra pessoa deve se levantar e responder: "Este é o meu pé", enquanto aponta para o nariz. Prossiga em círculo. A pessoa que errar ao responder ou demorar mais de 10 segundos para fazê-lo vai para o meio da roda.

100 Destino desconhecido

Dois participantes acertam entre si que a segunda cidade mencionada após uma cidade cujo nome é composto (p. ex., Rio de Janeiro, São Paulo, Campina Grande etc.) é o "destino desconhecido". Um dos dois deixa a sala enquanto o grupo escolhe uma cidade qualquer. A pessoa que estava fora da sala volta e seu companheiro dá início a um diálogo nos seguintes moldes:

— Nosso destino é Brasília?

— Não.

— Nosso destino é Belo Horizonte?

— Também não.

— Então é Florianópolis?

— Não.

— Nosso destino é Olinda?

— Sim!

De fato, Olinda foi a segunda cidade mencionada após Belo Horizonte, cujo nome é composto. Os demais participantes devem procurar descobrir a senha e podem se oferecer como candidatos para tentar adivinhar o "destino desconhecido".

101 Celebridades

Nesta brincadeira de inteligência, a primeira pessoa fala o nome de alguma celebridade supostamente (mas não necessariamente) conhecida pela maioria. A próxima pessoa (sentada à direita de quem começou) precisa falar o nome de outra celebridade cujo primeiro nome comece com a primeira letra do sobrenome da celebridade anterior. Se a celebridade mencionada tiver um nome só ("Neymar"), então a pessoa deve citar outra celebridade cujo primeiro nome comece com a última letra da palavra única (neste caso, com "R"). O jogo continua até que alguém não consiga pensar em algum nome e seja eliminado do jogo. Continue assim até ficar somente uma pessoa.

Exemplo:
- 1ª pessoa: John F. Kennedy
- 2ª pessoa: Kevin Costner
- 3ª pessoa: Cafu

■ *Variação:* Se a pessoa conseguir citar uma celebridade conforme as regras do jogo, mas com os dois nomes começando com a mesma letra do sobrenome da celebridade anterior, então o jogo passa não para a pessoa do lado direito, mas reverte para a pessoa que sugeriu o nome anterior.

Exemplo:
- 1ª pessoa: Michael Jackson
- 2ª pessoa: Janet Jackson (dois nomes que começam, com a letra "J")
- Reverte para a 1ª pessoa...

Suas ideias...

Apêndices

Apêndice 1

Perfil

Não raro, as pessoas sentem dificuldade para falar de si mesmas, mas com um pouco de encorajamento podem se abrir e edificar a muitos pelas suas experiências de vida. Algumas perguntas podem ajudar o entrevistador na sua tarefa de facilitar a transparência num grupo pequeno. Deve-se ter bastante cuidado, no entanto, visando selecionar as perguntas certas para a pessoa certa e conduzir a entrevista de modo a não ultrapassar o limite de liberdade pessoal ou constranger desnecessariamente o entrevistado.

Diversos:

1. Se você pudesse estar durante duas horas com algum personagem histórico (excluindo o Senhor Jesus e pessoas da sua própria família), quem escolheria?
2. Se você pudesse imaginar a sua vida no ano 2025, como seria em termos de família, profissão, alvos atingidos e a atingir, peso e cor de cabelos, outros...

101 ideias criativas para grupos pequenos

3. Qual o seu maior medo?
4. Fale sobre uma viagem inesquecível.
5. O que você gostaria de ver escrito como "lema final de sua vida" e por quê?
6. Se pudesse "matar" uma coisa em sua vida, qual escolheria?
7. Em qual destas áreas acha que necessita de maior aprimoramento: vida familiar, cuidado físico, profissão, estudo?
8. Qual a maior dificuldade que imagina ter pela frente nos próximos três meses?
9. Qual o livro que mais marcou a sua vida e por quê?
10. O que você mais aprecia em seu trabalho?

Casamento:
11. Descreva sua lua de mel numa frase de no máximo cinco palavras.
12. Qual a característica ou qualidade que mais se destaca em seu cônjuge?
13. Se você fosse descrever seu cônjuge com uma só palavra, qual escolheria?
14. Como vocês se conheceram?
15. Descreva a primeira vez em que saíram sozinhos.
16. Além do seu cônjuge, qual o nome do(a) namorado(a) com quem namorou por maior tempo?

Infância/família:
17. Quando você era criança, qual foi a maior "arte" que fez?
18. Qual a pior doença que já teve?
19. Você tem maior afinidade com seu pai ou com sua mãe? Por quê?
20. O que sua família mais gostava de fazer nas férias?
21. Qual o aniversário que ficou mais gravado em sua vida e por quê?

Apêndices | 115

22. Quando olha para os acontecimentos em sua vida, qual deles lhe traz maior alegria? Qual traz maior realização? Por quê?
23. Qual a matéria mais difícil que você já cursou numa escola?

Igreja:

24. Qual o aspecto mais positivo que você identifica em nossa igreja (ou grupo, escola etc.)?
25. Se pudesse descrever uma igreja "ideal" para você e sua família, como seria quanto a número de membros, horário dos cultos, tipo de liderança, tipo de atividades etc.?
26. Com que idade se converteu e a quais igrejas pertenceu?
27. Em que área acredita poder contribuir melhor com o corpo de Cristo?
28. Qual o seu dom espiritual?
29. O que você identifica como sendo a maior necessidade da igreja brasileira e por quê?
30. Como você veio a frequentar esta igreja?

Vida cristã:

31. Qual a pessoa que mais influenciou a sua vida cristã e como?
32. Se você fosse escolher uma pessoa como seu modelo de vida cristã, para quem olharia e por quê?
33. Qual a resposta de oração mais marcante que recebeu no último ano? E no último mês?
34. Qual o seu livro bíblico predileto e por quê? Qual o versículo?
35. Que pedido de oração quer deixar com o grupo?

Outras...

101 ideias criativas para grupos pequenos

Apêndice 2

Mutualidade

A seguir, apresentamos alguns dos mandamentos de mutualidade contidos nas epístolas do Novo Testamento:

- Amai-vos cordialmente uns aos outros com amor fraternal... (Rm 12.10a).
- [...] preferindo-vos em honra uns aos outros (Rm 12.10b).
- Tende o mesmo sentimento uns para com os outros... (Rm 12.16).
- A ninguém fiqueis devendo coisa alguma, exceto o amor com que vos ameis uns aos outros... (Rm 13.8).
- Não nos julguemos mais uns aos outros... (Rm 14.13).
- Assim, pois, seguimos as coisas da paz e também as da edificação de uns para com os outros (Rm 14.19).
- Ora, o Deus da paciência e da consolação vos conceda o mesmo sentir de uns para com os outros... (Rm 15.5).
- [...] acolhei-vos uns aos outros... (Rm 15.7).

- [...] aptos para vos admoestardes uns aos outros (Rm 15.14).
- [...] sede, antes, servos uns dos outros... (Gl 5.13).
- Levai as cargas uns dos outros... (Gl 6.2).
- [...] suportando-vos uns aos outros em amor (Ef 4.2).
- [...] fale cada um a verdade com o seu próximo, porque somos membros uns dos outros (Ef 4.25).
- Antes, sede uns para com os outros benignos, compassivos... (Ef 4.32a).
- [...] perdoando-vos uns aos outros... (Ef 4.32b).
- sujeitando-vos uns aos outros no temor de Cristo (Ef 5.21).
- [...] mas por humildade, considerando cada um os outros superiores a si mesmo (Fp 2.3).
- Não tenha cada um em vista o que é propriamente seu, senão também cada qual o que é dos outros (Fp 2.4).
- Não mintais uns aos outros... (Cl 3.9).
- Suportai-vos uns aos outros, perdoai-vos mutuamente... (Cl 3.13).
- [...] instrui-vos e aconselhai-vos mutuamente... (Cl 3.16).
- e o Senhor vos faça crescer e aumentar no amor uns para com os outros... (1Ts 3.12).
- [...] deveis amar-vos uns aos outros (1Ts 4.9).
- Consolai-vos, pois, uns aos outros... (1Ts 4.18).
- Consolai-vos, pois, uns aos outros e edificai-vos reciprocamente... (1Ts 5.11).
- [...] Vivei em paz uns com os outros (1Ts 5.13).
- [...] exortai-vos mutuamente cada dia... (Hb 3.13).
- Consideremo-nos também uns aos outros, para nos estimularmos ao amor e às boas obras (Hb 10.24).
- Não negligencieis, igualmente, a prática do bem e a mútua cooperação... (Hb 13.16).

Apêndices | 119

- [...] não vos queixeis uns dos outros... (Tg 5.9).
- Confessai, pois, os vossos pecados uns aos outros... (Tg 5.16).
- [...] tendo em vista o amor fraternal não fingido, amai-vos, de coração, uns aos outros ardentemente (1Pe 1.22).
- [...] tende amor intenso uns para com os outros, porque o amor cobre multidão de pecados (1Pe 4.8).
- Sede, mutuamente, hospitaleiros, sem murmuração (1Pe 4.9).
- Servi uns aos outros, cada um conforme o dom que recebeu... (1Pe 4.10).
- [...] no trato de uns com os outros, cingi-vos todos de humildade... (1Pe 5.5).
- [...] mantemos comunhão uns com os outros... (1Jo 1.7).
- Amemo-nos uns aos outros (1Jo 3.11,23; 4.7,11; 2Jo 1.5).

Apêndice 3

Perguntas e respostas sobre a vida eterna

Você sabia que Deus o ama e quer dar a você uma vida abundante e eterna?

- **Como posso saber que Deus me ama?**
  A Bíblia diz:

  > Porque Deus amou ao mundo de tal maneira que deu o seu Filho unigênito, para que todo o que nele crê não pereça, mas tenha a vida eterna (Jo 3.16).

  E Jesus falou:

  > [...] eu vim para que tenham vida e a tenham em abundância (Jo 10.10b).

- **Por que a maioria das pessoas não experimenta esse amor e vida abundante?**
  A raça humana está separada de Deus porque o homem é pecador e merece a morte eterna.

101 ideias criativas para grupos pequenos

Mas as vossas iniquidades fazem separação entre vós e o vosso Deus; e os vossos pecados encobrem o seu rosto de vós, para que vos não ouça (Is 59.2).

[...] o salário do pecado é a morte... (Rm 6.23).

- ## Qual é a solução?
  Já que é impossível livrarmo-nos do pecado por nosso próprio esforço, Jesus veio ao mundo "pagar o salário" por nós. O sangue que Cristo derramou na cruz foi o preço pago pelos nossos pecados. Agora podemos nos achegar a Deus através de Cristo, pois com a sua morte e ressurreição ele derrubou a barreira do pecado.

  [...] Cristo morreu pelos nossos pecados [...] e ressuscitou ao terceiro dia... (1Co 15.3,4).

  Respondeu-lhes Jesus: Eu sou o caminho, e a verdade, e a vida; ninguém vem ao Pai senão por mim (Jo 14.6).

- ## O que eu preciso fazer?
  A salvação é um presente, e presente não se paga. Presente se recebe!

  A Bíblia diz:
  Porque pela graça sois salvos, mediante a fé; e isto não vem de vós; é dom de Deus; não de obras, para que ninguém se glorie (Ef2.8,9).

  Receba o Senhor Jesus Cristo mediante o arrependimento e a fé. Ou seja, reconheça que é pecador e que está separado de Deus, e admita que precisa da ajuda de Deus para resolver o

Apêndices | 123

problema do seu pecado. Confie em Jesus como seu Salvador pessoal, expressando que depende dele para o perdão dos pecados.

- **Quando vou poder receber a salvação?**
  Agora! [...] *eis, agora, o tempo sobremodo oportuno, eis, agora, o dia da salvação* (2Co 6.2b).

- **Uma oração sugerida:**
  Senhor Jesus, obrigado porque me amas apesar de eu ser um pecador. Agora eu creio que morreste por mim e que ressuscitaste dos mortos. Perdoa, por favor, os meus pecados. Eu confio em ti como meu Salvador e Senhor. Obrigado pela nova vida que me deste. Ajuda-me a deixar os meus pecados e viver para ti.

- **Agora, depois de receber a Cristo, qual é a promessa de Deus para mim?**

  Aquele que tem o Filho tem a vida; aquele que não tem o Filho de Deus não tem a vida. Estas coisas vos escrevi, a fim de saberdes que tendes a vida eterna, a vós outros que credes em o nome do Filho de Deus (1Jo 5.12,13).

De acordo com a Bíblia, você recebeu a vida eterna no instante em que creu em Cristo como seu Salvador pessoal. Não confie em suas emoções, porque elas mudarão. Quando tiver dúvidas, releia as passagens bíblicas apresentadas aqui. Você pode dizer, com confiança: "Recebi a Cristo como meu Salvador pessoal. Com base na autoridade da Palavra de Deus, agora tenho a vida eterna."

- **De onde vem a segurança da minha salvação?**

SIM!

NÃO!
Emoções passageiras

Sua opinião é importante para nós. Por gentileza, envie seus comentários pelo e-mail editorial@hagnos.com.br

Visite nosso site: www.hagnos.com.br

Esta obra foi impressa na Imprensa da Fé. São Paulo, Brasil. Primavera de 2020.